„Gott ist erfahrbar"
Interviews mit Christen
aus Birkenfeld -
Baden-Württemberg

edition φ philemon

ISBN-Nr. 3-935368-30-5
Bestell-Nr. 100.043

© 2001 edition philemon, 75217 Birkenfeld
2. Auflage (Juli 2002)
Umschlaggestaltung: Ellen Kampowski
Satz: Seidel & Seidel, Sorgaer Str. 4a, 08209 Auerbach

Inhalt

Liebe Leser

Mit dieser Behauptung "Gott ist erfahrbar" möchten wir Sie weder provozieren, noch das Leben einzelner Christen auf ein "frommes Podest" stellen.

Wir alle, die wir uns in diesem Büchlein hier äußern, fühlen uns nicht als "bessere Menschen". Ganz im Gegenteil: als Christen leben wir täglich von der Vergebung Gottes (die wir sehr nötig haben!)

Hätten wir einen Wirkstoff gegen Krebs entdeckt und würden dies verschweigen oder ihn nur für uns selbst behalten, wären wir Schufte. Weil Sie, liebe Leser, uns nicht gleichgültig sind, möchten wir Sie durch diese kleinen Berichte einladen, über die Erfahrbarkeit Gottes ein wenig nachzudenken. Es könnte Ihr Leben positiv verändern. Und genau dies wünschen wir Ihnen von ganzem Herzen...

Christen aus Birkenfeld

Wie Gott eine zerbrochene Ehe heilte

 *Stefan Schwemmle, Jahrgang 1963, arbeitet als Zahntechniker und ist seit 1988 mit seiner Frau Petra verheiratet. Doch ihre Beziehung drohte zu scheitern...*

Lieber Stefan, wie stehst du zur Behauptung, dass "Gott erfahrbar" ist?

Würde diese Aussage nicht stimmen, so würde ich jetzt wohl oder übel vor dem Scherbenhaufen meines Lebens stehen. Ich habe Gott in meinem Leben erfahren – ganz praktisch.

Wie kam es dazu? Welchen Lebenshintergrund hast du?

Fußball war das Wichtigste in meinem Leben. Mein Vater war mein erster Trainer – im Alter von 6 Jahren! Danach war ich als aktiver Jugendspieler in Gräfenhausen und dann in Birkenfeld bekannt. Mit 18 Jahren ging ich zurück nach Gräfenhausen und spielte von da an in der 1. Mannschaft bis zum Alter von 31 Jahren. Fußball war mein alles, mein Gott.
Er gab mir alles: Spaß, Anerkennung, Leben. Ich konnte mir nicht vorstellen ohne ihn zu leben. Mein ganzes Leben war danach ausgerichtet: Freizeit, Urlaub, Ehe, jeder Sonntag.

Hattest du noch ein "Leben neben dem Fußball"?

Motorradfahren war meine "zweite Welt". Mit 16 Jahren war ich in den Motorrad-Club "White Birds" eingetreten, mit entsprechendem Abzeichen auf dem Rücken. Die letzten sieben Jahre kannte man mich als Hauptkassierer und mittragende Säule in diesem MC . Motorradfahren und der Motorrad-Club bestimmten ebenfalls mein Leben, meine Freizeit – jedoch nur an 2. Stelle. Mehrere Fußballspieler der 1. Mannschaft waren außerdem Mitglieder im MC. Auch hier bekam ich viel Anerkennung und es war ein prima Zusammengehörigkeitsgefühl – allerdings mit viel Alkoholkonsum.

Aber du hattest doch mit 25 Jahren geheiratet?

Allerdings. An dritter Stelle in meinem Leben kam meine Ehefrau Petra. Mit ihr konnte ich aber nur die Zeit teilen, die noch übrig blieb. Petra ging zwar meist zu den sonntäglichen Fußballspielen und gelegentlich auch mal zu einem Motorradtreffen mit, doch war es dort meist so, dass die Männer zusammensaßen und die Frauen ihre eigenen Grüppchen bildeten.

Wie sah dabei denn deine persönliche Beziehung zu deiner Frau aus?

Ich redete ziemlich wenig mit ihr, und wenn, dann sehr oberflächlich. Ich hatte generell Schwierigkeiten mit ihr zu reden, da ich das einfach nicht so kannte. Sie war mir auf diesem Gebiet überlegen. Dadurch fraß ich vorhandene Probleme lieber in mich hinein. Bei vielen Gesprächen hatte ich durch zuviel Alkohol eine "gelöste Zunge", infolgedessen vergriff ich mich aber oft in der Tonlage oder ich konnte mich am nächsten Tag kaum noch an das Gesagte erinnern.

Das musste doch für Petra recht frustrierend gewesen sein?

Das stimmt. Petra suchte sich daher nach etwa drei Ehejahren ebenfalls eine "Freizeitbeschäftigung". Mehrere Stunden in der Woche verbrachte sie bei einem Pferd, dessen Pflege sie in einem nahen Ort übernommen hatte. Im März 1993 kaufte sie sich dann mit einer Freundin zusammen ein eigenes Pferd.

Verbesserte dies eure Ehebeziehung?

Nein, wir lebten eigentlich seit unser Heirat nur nebeneinander her. Man könnte uns mit zwei Kreisel vergleichen, von denen sich jeder um seinen eigenen Mittelpunkt dreht. Ich um den Fußball und den Motorrad-Club, Petra um ihre Pferde. Manchmal krachten die Kreisel zusammen und es gab großen Zoff.

Wie habt ihr den Streit dann verarbeitet?

Er wurde eigentlich nie richtig aus der Welt geräumt. Ich selbst schwieg ihn einfach tot oder ließ "Gras darüber wachsen", was natürlich Blödsinn war.
Unsere Schwierigkeiten entstanden in erster Linie dadurch, dass wir nicht miteinander reden konnten, was vor allem an mir lag. Petra fühlte sich unverstanden und nicht geliebt. Dadurch kam auch immer mehr Frust auf.

Der ging wohl sehr tief? Du brauchst allerdings nur soweit zu erzählen wie ihr öffentlich preisgeben wollt, es geht hier doch um ein sehr persönliches und intimes Erleben.

Petra und ich wollen offen und ehrlich zu unserer Vergangenheit stehen. Deshalb möchten wir auch kein Geheimnis daraus machen, dass dieser Frust sich bis in den intimen, sexuellen Bereich hinein auswirkte.

Welche Folgen hatte das?

Petra begann ihre Augen für andere Männer offen zu halten und suchte verständlicherweise bei ihnen, was sie bei mir nicht fand. Im Sommer 1993 war es dann geschehen. Ich lag gerade im Krankenhaus, weil mir infolge einer Knochenfraktur am Ellenbogen die Schrauben entfernt wurden. Petra begann in dieser

Zeit ein Verhältnis mit dem Ehemann Ihrer Freundin, den ich aber selbst schon jahrelang kannte.

Wie hast du darauf reagiert ?

Ich hatte überhaupt nichts bemerkt, bis mich eines Tages Petras Freundin anrief, um mich über das Verhältnis zwischen Petra und ihrem Ehemann zu informieren. Ich war wie vor den Kopf gestoßen und konnte es erst gar nicht glauben. Mir schien als würde die Welt um mich herum zusammenbrechen. Dabei belastete mich vor allem die Frage: warum ausgerechnet er? Wir kannten uns doch schon so viele Jahre. Außerdem war er Mitglied im Motorrad-Club.

Am 23.Juli 93 bat ich Petra, unsere gemeinsame Wohnung zu verlassen. (Das Haus in dem wir in Miete wohnten, gehörte damals meinen Eltern). Mit ein paar Koffern voller Kleider zog sie zu ihrer Mutter ins Elternhaus.

Das konnte aber nicht die Lösung sein...

Nein. Allein in der Wohnung hatte ich nun genug Zeit um über alles nachzudenken. Von verschiedenen Personen, die mir nahe standen erhielt ich gutgemeinte Ratschläge, die ich innerlich bewegte.

Besonders gaben mir die Worte einer Missionsschwester, die mit meiner Mutter befreundet war, zu denken. Ich kannte diese Frau schon seit vielen Jahren und hörte sie öfters von ihren Erlebnissen mit Jesus erzählen. Doch Christsein konnte ich mir für mein Leben absolut nicht vorstellen. Ich malte ich mir nämlich ein "echtes Christenleben" etwa so aus: fast alles ist verboten; kein Fußball mehr, kein Motarradfahren, keine Freude, kein Lachen, sonntags mit dem Gesangbuch unterm Arm in die Kirche – also mehr als ätzend langweilig!

Absurde Vorstellungen, nicht wahr?! Wie bist du trotzdem dem Christsein näher gekommen?

Ja, heute weiß ich wie absurd und falsch meine damaligen Vorstellungen über echtes Christsein waren. Mein eigenes Umdenken wurde durch ein seltsames Erlebnis ausgelöst. Meine Schwester hatte mir vor Jahren einmal ein Buch mit dem Titel "Entdecke deine Frau" geschenkt. Wie viele andere Bücher hatte ich es ungelesen in den Schrank gestellt, denn ich war außerordentlich lesefaul. Doch eines abends blieben meine Blicke an diesem Buch hängen. Ich holte es aus dem Regal und fing an, darin zu blättern. Dabei stieß ich auf einen Test, der verdeutlichen sollte, wie gut man seine Ehefrau kennt. Fast euphorisch begann ich die Testfragen zu beantworten. Doch von Frage zu Frage erkannte ich immer mehr, dass ich meine eigene Frau überhaupt nicht kannte. Von 30 Fragen konnte ich gerade mal fünf beantworten. Bei der Auswertung musste ich die Diagnose lesen: " stark gefährdete Ehe".

Ich fing an zu weinen und erkannte, welch miserabler Ehemann ich eigentlich war. In den fünf Ehejahren hatte ich meine Frau nur oberflächlich kennengelernt – hatte keine Ahnung von ihren tiefen Bedürfnissen, Gedanken, Emotionen, Nöten und Sehnsüchten. Innerlich brach ich zusammen.

Zeigte das Buch auch eine Lösung auf?

Ja, man wurde dazu aufgefordert gewisse "Hausaufgaben" zu erledigen, indem man verschiedene Tatsachen der Bibel nachschlagen und zur Kenntnis nehmen sollte. Ich nahm unsere Traubibel zur Hand und legte sie vor mich auf den Tisch. Doch mir fehlte der Mut sie zu öffnen. Wie kann ein so altes Buch auf aktuelle Eheprobleme eine Antwort haben? So schob ich es zwei Tage vor mir her, diese Bibel in die Hand zu nehmen. Ich merkte dabei auch, dass ich Angst davor hatte, mein Leben ändern zu müssen. Denn das wollte ich im Grunde genommen ganz und gar nicht.

Dann fand ich doch den Mut und war überrascht, wieviel die Bibel zu aktuellen Ehe-Themen sagt.

War das denn bereits die Lösung für dich?

Nein, doch es war ein wichtiger Anstoß in meinem Leben. Aber ich brauchte noch andere Hilfe.

So suchte mich beispielsweise eines Tages mein Vater mit den Worten auf: "Sohn, ich muss mal mit dir reden." Ich war zutiefst erstaunt, da es das erste Mal seit 28 Jahren war, dass mein Vater ein Gespräch mit mir suchte. Ich kannte ihn nur als verschlossenen Menschen mir gegenüber, denn er hatte - wie er mir später einmal offenbarte - dasselbe Problem wie ich: Er konnte nicht offen über Probleme und Gefühle reden...

Wir redeten längere Zeit miteinander, und es war mir als ob in mir irgendwelche Ketten zersprangen. Mein Vater redete mit mir – vielleicht konnte ich auch mal offen mit Petra reden. Und vor allem, was ich kaum fassen konnte: Mein Vater, der sich stets sehr abweisend gegenüber jeder Art von Religion verhalten hatte, erzählte mir frei heraus, dass er sich persönlich für Jesus Christus entschieden hatte...

Wie verhielt sich Petra unterdessen?

Sie fasste den Entschluss, sich für immer von mir zu trennen. Ein Pastor unterstützte sie dabei in ihrer Entscheidung. Ich war zutiefst erschüttert als Petra mir erklärte, dass sie sich keine gemeinsame Zukunft mehr mit mir vorstellen könnte und die Trennung endgültig wäre.

Ein paar Tage später rief ein Bekannter meiner Mutter an und fragte, ob ich ihn zu einer Zeltevangelisation begleiten würde. Ich solle auch Petra einladen. Sie kam tatsächlich mit. Nach dem

Vortrag sprach ich mit dem Referenten, Petra mit einer seiner Mitarbeiterinnen. Der Prediger, Herr Vogel, hörte mir aufmerksam zu. Dann erklärte er mir anhand einer Zeichnung (ein Kreis mit einem Stuhl in der Mitte), dass auf diesem Stuhl eigentlich Gott sitzen solle und nicht mein eigenes Ich. Zu meiner Überraschung fragte er mich direkt und "knallhart", ob ich denn mit dem Fußball aufhören könnte, wenn sich Petra im Gegenzug wieder von ihrem Freund trennen würde? Ich wollte über meine Eheprobleme und nicht über Fußball reden... und schwieg.

Nach einer kurzen Rücksprache mit seiner Mitarbeiterin, erklärte mir Herr Vogel, dass Petra bereit wäre, sich von ihrem Freund zu trennen. Er fragte mich nochmals, ob ich mich für meine Frau auch vom Fußball trennen würde. Ich konnte es zu diesem Zeitpunkt noch nicht. Er ließ es so stehen und bat uns am nächsten Tag nochmals zu kommen. Petra und ich fuhren schweigend nach Hause. Doch bei Jesus war noch nichts verloren. An diesem Nachmittag zeigte mir Gott, wie sehr ich durch den "Götzen Fußball" gefangen und in meinem Denken und Handeln überhaupt nicht frei war. Ich war Sklave meiner Tätigkeiten.

Nach einem Gespräch mit meinen Eltern und intensivem Nachdenken entschloss ich mich, mit meinem Trainer zu reden. Ich teilte ihm mit, dass ich, um meine Ehe zu retten, mit dem Fußball aufhören würde. Er war völlig geschockt, akzeptierte es aber. Abends gingen Petra und ich wieder zum Vortrag. Als nach der Predigt ein Aufruf zur willentlichen, persönlichen Entscheidung für Jesus Christus kam, gingen wir beide unabhängig voneinander nach vorne. Ich wollte ab heute mit Jesus leben...

War das der Anfang eines neuen inneren Lebens?

Innerlich und äußerlich. Am nächsten Nachmittag fuhren Petra und ich zu dem geplanten Gespräch, wo dann noch so manch Schweres und Notvolles ans Tageslicht kam.

Jedenfalls gaben wir am Ende dieser Gespräche Pastor Vogel unsere Trauringe. Er legte uns die Hand auf und sprach ein Gebet, das mit einem Segen für unsere Ehe endete. Darauf tauschten wir gegenseitig die Ringe – wie damals vor fünf Jahren. Wir hatten mit Gottes Hilfe und unter Seinem Segen ein "zweites Mal geheiratet". Es wurde ein Neubeginn – aber mit Gott als Mittelpunkt und Fundament.

Wir zogen wieder in die gemeinsame Wohnung und begannen ein Leben zu dritt: Petra, ich und Jesus Christus als Mittelpunkt unserer Beziehung.

Machten dir die Geschehnisse der Vergangenheit dabei nichts mehr aus?

Ich kann es nur als Wunder betrachten: die vergangenen Fehltritte und Sünden waren auch in meinen Gedanken wie ausradiert. Ich erlebte es und kann es tatsächlich bezeugen: Gott kann auch heute noch einen wunderbaren Neubeginn schenken. Dies war im August `93 - unsere Entscheidung füreinander haben wir seither nie mehr bereut, und wir freuen uns, gemeinsam den Weg mit Jesus gehen zu können und gehen zu dürfen.

Vielen Dank für diesen offenen Bericht, der doch ein beredtes Beispiel dafür ist, dass Jesus Christus auch kaputte Ehen heilen kann.

Kann Gott sogar von MS heilen?

*Dr. med. **Christoph Kronschnabl** ist Arzt für Allgemeinmedizin und hat eine eigene Praxis in Birkenfeld bei Pforzheim. Seit 1983 ist er mit seiner Frau Beate verheiratet. Ihre beiden Kinder heißen Anne und David.*

Lieber Christoph, du wurdest von einer sehr tiefgehenden Erfahrung mit Gott erfasst, indem du eine menschlich nicht zu erklärende Gesundung erlebt hast. Wie ist es dazu gekommen?

Meinen Grundwehrdienst leistete ich 1985 am Bundeswehrkrankenhaus in Detmold ab. Kurz nach der Geburt unserer Tochter Anne bemerkte ich, dass ich schnell ermüdete. Ich hatte Konzentrations- und Gedächtnisprobleme und bemerkte auch, dass helles Licht mich sehr stark blendete.

Nach einiger Zeit kam ein Kribbeln des linken Fußes dazu, das sich innerhalb weniger Tage zu einem Kribbeln meiner ganzen linken Körperhälfte ausweitete. Daraufhin wurde ich eine Woche lang im Krankenhaus Lemgo neurologisch komplett durchgecheckt, mit allen auch unangenehmen Untersuchungsmethoden. Eine eindeutige Ursache konnte zu diesem Zeitpunkt nicht festgestellt werden. Ich war froh, dass ich nicht, wie ursprünglich befürchtet, einen Hirntumor hatte.

Nach etwa zwei Monaten waren alle Krankheitssymptome verschwunden, und ich konnte wieder wie früher vollzeitig arbeiten. Aber ungefähr acht Wochen später bekam ich auf einmal Gleichgewichtsstörungen. Mitten im Gehen wich mein Schritt plötzlich um gut einen Meter nach links ab, ohne dass ich es verhindern konnte. Ich war nicht mehr in der Lage, geradeaus zu gehen. Auch zeigten sich erneut deutliche Ermüdungszeichen. Wieder fuhr ich nach Lemgo. Dort wurde dann eine Kernspin-untersuchung meines Kopfes in Oldenburg angeordnet.

Hatte man dort nun etwas Konkretes gefunden?

Ja, bei dieser Untersuchung wurden vier Entzündungsherde ent-deckt. Der Neurologieprofessor in Lemgo stellte daraufhin die Diagnose Encephalitis disseminata (MS). Für ihn stand vom Ver-lauf der Erkrankung und den Untersuchungsergebnissen her die-se Diagnose fest, und er riet mir, nicht in die freie Praxis zu ge-hen, allenfalls eine kleine Gemeinschaftspraxis, besser noch eine Anstellung beim Gesundheitsamt zu suchen.

Warum folgtest du diesem Rat nicht und bist trotzdem nach Birkenfeld gekommen? Hatte dies einen praktischen Grund?

Nein, der Grund hing mit unserem Glauben an Jesus Christus zusammen; denn im Gebet hatten wir von Gott den Eindruck bekommen, eine Praxis in Birkenfeld zu übernehmen. Auch wa-ren wir uns in allen Details mit dem bisherigen Praxisinhaber einig geworden. In etwa zehn Monaten sollte ich dort als Assistent einsteigen und die Praxis dann nach einem halben Jahr überneh-men.

Aber richtete sich diese Entscheidung nicht eindeutig gegen das "Krankheits-Schicksal" in deinem Leben, das dir auferlegt wurde?

Natürlich bewegten wir auch solche Fragen im Gebet. Doch es wurde uns klar: Diesen Weg nach Birkenfeld will uns Jesus füh-ren, und ab einem bestimmten Zeitpunkt wussten wir dann, dass wir daran festhalten sollten. Freunde bestätigten diesen Eindruck, dass ich diese Krankheit nicht akzeptieren und sie nicht als ein für mich von Gott bestimmtes Leiden annehmen soll.

Wie äußerten sich deine Freunde konkret dazu?

Viele Freunde beteten zuerst einmal engagiert für uns. Eine Freundin bekam dabei die Gewissheit von Gott, dass Er mich heilen wolle. Andere Freunde machten mich darauf aufmerksam, dass ich angesichts meiner Situation doch auch meine Vergangenheit vor Gott bringen sollte, insbesondere was gewisse Vorfahren von mir betraf, die in Okkultismus verstrickt gewesen waren. Dies könnte mit zu den Ursachen gehören.

Konntest du diesbezüglich praktisch etwas unternehmen?

Wir suchten ein befreundetes Ehepaar auf. Gemeinsam beteten wir. Ich bekannte meine Schuld und sagte mich von allen erkannten okkulten Bindungen los. Danach bat ich Jesus, mich von dieser MS zu heilen.
Während dieser Zeit des Gebets bekam das Ehepaar die innere Freiheit, mir die Hoffnung auf eine Heilung durch Jesus Christus zuzusprechen. Dann segnete dieses Ehepaar meine Frau und mich für Heilung und unseren weiteren Weg.

Aber entsprang denn nun deine Hoffnung, dein Glaube diesen Zusagen von anderen Menschen? Was lief dabei in deinem Denken, in deinem Herzen ab?

Nein, das Verhalten dieses befreundeten Ehepaares war meiner Frau und mir vor allem Ermutigung. Während des Gebets bekam ich selbst eine – mit Worten schwer zu erklärende – Gewissheit: Du bist geheilt, Jesus hat dich geheilt!

Heißt das, du konntest sofort aufstehen und merken, dass alle Symptome der MS verschwunden waren?

Nein, mit dieser inneren Gewissheit fuhren wir nach Hause – trotz der noch vorhandenen Krankheitssymptome. Jedoch: in den nächsten Wochen verschwanden alle Krankheitssymptome völlig! Und ich war wieder vollständig leistungsfähig!

Wann geschah dies alles genau?

Ende 1985.

Gibt es dafür eine medizinische Erklärung?

Nein, es war eindeutig ein Wunder Gottes.

Sind die Krankheitssymptome nicht wieder zurückgekehrt?

Seit Ende 1985 bin ich vollständig frei von Symptomen. Ich war seitdem nicht mehr ernsthaft krank und konnte jeden Tag in meiner Praxis arbeiten.

Wie ich weiß wurde diese inzwischen aber immer größer, dass du selbst die Arbeit nicht mehr alleine bewältigen konntest.

Das ist richtig. Aber auch hier hat Jesus für uns gesorgt: seit Anfang 1997 betreiben wir mit einem weiteren Christen – Stefan Streng - zusammen eine Gemeinschaftspraxis.
Meine Frau und ich können immer wieder nur staunen, wie Jesus in unserem Leben gehandelt hat, und das nicht nur in diesen Punkten...

Vielen Dank, Christoph, für deinen offenen Bericht. Du hast natürlich gleichzeitig das Interesse an deinem Kollegen geweckt...

Der Schritt über die Linie

Dr. med. Stefan Streng, *Jahrgang 1959, ist Arzt für Allgemeinmedizin und stammt aus Konstanz.*

Du bekennst dich ebenfalls als entschiedener Christ, lieber Stefan. War das schon immer so?

Nein, von zu Hause aus bin ich keineswegs religiös erzogen worden. Meine Eltern und Geschwister hatten mit dem Glauben überhaupt nichts am Hut. Aus meiner Kindheit kann ich mich nur noch an das vorformulierte Gebet meiner Mutter erinnern, was sie mit uns abends betete: "Lieber Gott, mach mich fromm, dass ich in den Himmel komm."
Im Älterwerden schlief dieses Gebet irgendwann ein, ohne dass ich es vermisst hätte. Mehr christliche Impulse gab es von Zuhause nicht.

Da du aber "evangelisch" warst, bist du da nicht konfirmiert worden?

Doch. Aber ich erlebte meine Konfirmation als Veranstaltung, an der man eben - wie alle meine Mitschüler - mit 14 Jahren teilnimmt. Sie hatte auf meinen Glauben keine Auswirkungen.
Allerdings gründete unser Gemeindepfarrer mit uns Konfirmanden einen Jugendkreis.
Anfangs ging ich wegen der Gemeinschaft hin, doch im weiteren Verlauf wurden die Geschichten der Bibel interessant. Vielleicht lag es auch nur daran, daß wir eine moderne Bibelübersetzung

geschenkt bekommen hatten, wo Illustrationen das Geschriebene verdeutlichten. Ich war dadurch am Glauben interessiert, doch er hatte keine sichtbare Auswirkung in meinem Leben.

Gab es ansonsten tiefgreifendere Impulse für dein Leben?

Ja, in jener Zeit fand in Konstanz einmal eine Evangelisationsveranstaltung mit einer christlichen Rockgruppe statt. Unser Jugendkreis wurde dazu eingeladen. Ich ging hin, weil die Musik mich begeisterte. Im weiteren Verlauf der Abende fand ich auch die Ansprache des Referenten ganz "okay"; man konnte ihm gut zuhören.

An einem Abend hörte ich allerdings einen Satz, den ich sehr herausfordernd fand: "Ein halber Christ ist ganzer Mist!" Der Referent erklärte dies noch: "Beim Brot ist es so: ein halbes und ein halbes ergibt ein ganzes Brot. Beim Christsein trifft das aber nicht zu: entweder ich gehöre Gott ganz oder gar nicht. Es gibt da nichts Halbes. Das Halbe, also ein halber Christ, zählt soviel wie nichts."

Hast du diese Aussage "geschluckt"? Sie akzeptiert?

Ganz und gar nicht. Wir waren eine Gruppe von rund zehn Jugendlichen, die anschließend mit dem Referenten diskutierten und ihm unseren Missmut über diese nach unseren Vorstellungen nicht haltbare Aussage verdeutlichten: "Gott kann doch froh sein, dass es in der heutigen Zeit überhaupt noch jemand gibt, der so halbwegs an ihn glaubt. Diese Schwarz-Weiß-Malerei ist doch unhaltbar." Der Referent konnte uns nicht überzeugen. Er versuchte es mit einem anderen Bild: Der Schritt über die Linie. Es gibt einen Bereich bei Gott und einen Bereich ohne Gott. Bildlich kann man sich dazwischen eine Linie vorstellen. Erst durch den

Schritt über die Linie bin ich ganz bei Gott. Wenn ich auch nur ganz dicht an der Linie stehen würde, wäre aber doch noch auf der gottfernen Seite, so wäre ich auch nicht bei Gott und praktisch dieser halbe Christ. Er sprach vom biblischen Gedanken "heiß oder kalt, aber nicht lauwarm" (Das steht im Buch der Offenbarung, Kapitel 3,16). Also entweder ganz heiß oder ganz kalt, das Lauwarme genügt nicht.
Der Referent konnte uns und mich besonders trotzdem nicht überzeugen. Innerlich ging ich als "der Sieger" nach Hause: "Ich habe doch Recht..."

Vermutlich haben dich diese Gedanken aber doch nicht ganz losgelassen?

Richtig. Ich lag schon im Bett, als mich die Gedanken des Abends wieder einholten. "Stefan, du bist lauwarm und das reicht nicht. Du bist so ein halber Christ, quasi ein ganzer Mist," so ging es mir durch den Kopf. "Mach klare Sache mit Jesus. Wag den Schritt über die Linie, übergib dein Leben Jesus ganz - zu 100%." Diese Gedanken hielten mich vom Schlafen ab. Auf der einen Seite spürte ich, dass mir etwas von dem fehlte, was der Referent besaß. Auf der anderen Seite war es doch ein Wagnis, wovon ich noch nicht so recht wusste, was es bringen würde.

Diesen Zwiespalt kann man gut nachempfinden. Wie bist du selbst damit umgegangen?

Ich weiß nicht mehr, ob ich die Hände gefaltet habe, doch ich betete zum ersten Male so halblaut: "Jesus, ich weiß zwar nicht, ob du überhaupt da bist, doch der Referent hat gesagt, dass du hier seist und ich so mit dir reden könnte. Ich bin noch auf der verkehrten Seite der Linie, ich gehöre dir noch nicht ganz. Ich übergebe dir jetzt mein Leben und will dir ab jetzt ganz gehören. Sei du ab jetzt mein Herr. Amen."

Was geschah dann?

Danach verspürte ich, dass ich einen Frieden ins Herz bekommen hatte, ja da hatte sich etwas getan. Ich spürte eine Freude und wusste, dass der Referent absolut Recht hatte. Ich schlief froh ein.

Am anderen Morgen war die Freude und Gewissheit immer noch da. Ich wusste, dass ich jetzt ganz bei Jesus bin. Ich bin aus diesem Halbsein herausgetreten in die bewusste Nachfolge Jesu. Seit dieser Zeit lebe ich als Christ. Ich weiß, dass mich Jesus ganz angenommen hat, trotz meiner Fehler und Unvollkommenheiten.

Lief damit dann alles glatt bei dir?

Ein Leben mit Jesus ist nicht frei von Schwierigkeiten. Es gab da auch schon manchen Glaubenskampf in meinem Herzen. Aber ich weiß und erfahre es auch, dass Jesus mich durch alle Situationen durchträgt – und das nun schon seit über 20 Jahren. Ich habe diesen Schritt noch nie bereut.

Das ist eine ermutigende Aussage. Doch wie kam es dann dazu, dass du hierher nach Birkenfeld gekommen bist?

Es ist nicht ganz einfach, nach dem Studium eine Stelle als Arzt zu bekommen. Um so mehr war ich überrascht, dass ich bei meinen beiden Bewerbungen auch prompt jeweils eine Stelle angeboten bekam und ich mich richtig entscheiden musste. Eine Woche bewegte ich beide Angebote mit viel Gebet, wusste, dass ich mich danach entscheiden musste. So sagte ich die chirurgische Stelle an der Uniklinik ab und arbeitete in der Inneren Medizin in einem kleineren Krankenhaus. Ich hatte einen erstrebenswerten Vertrag bis zum Facharzt, als mich mein jetziger Partner fragte, ob ich mir mit ihm eine Gemeinschaftspraxis als Hausarzt in einem kleinen Ort im Nordschwarzwald vorstellen könne.

Es war wieder auf der einen Seite ein Wagnis, meine sichere Stelle zu beenden und die Abteilung zu wechseln und mit einem mir noch völlig fremden Menschen, von dem ich nur wusste, dass er mit Jesus lebt, auf eine Gemeinschaftspraxis als Lebensstellung hin zu arbeiten.

Auf der anderen Seite stand mir meine Laufbahn als Facharzt im Krankenhaus vor Augen. Auch da spürte ich, dass ich mit Jesus darüber reden musste.

Und durch das Gebet hast du dann eine Wegweisung bekommen?

Beim Beten und beim Reden mit anderen Christen bekam ich Ruhe über die Entscheidung zur Tätigkeit als Hausarzt. Direkt nach meiner inneren Entscheidung bekam ich Gelegenheit innerhalb des Krankenhauses wechseln zu können, und ich arbeitete weiter auf der chirurgischen Abteilung das vorgeschriebene Jahr. Nahtlos konnte ich dann bei meinem Partner meine noch benötigte Zeit zum Facharzt für Allgemeinmedizin tätigen.

Anschließend stellte sich das Problem, dass die Stellen als niedergelassener Arzt beschränkt waren. Nach der Beendigung meiner Facharztausbildung konnte ich nicht weiter bei meinem Partner beschäftigt werden, da meine Tätigkeit ja nur als Ausbildungsassistent genehmigt war. Exakt zu diesem Zeitpunkt wurde die Zulassungssperre kurzzeitig aufgehoben und wir bekamen diese Stelle zugeschrieben, so dass wir unsere Gemeinschaftspraxis gründen konnten.

Beeindruckend. Und nun, findest du diese Entscheidung durch die inzwischen erlebte Zeit bestätigt?

Allerdings. Vom Typ her und von der Vorstellung der Heilungsmethoden passen wir gut zusammen, es gab bisher noch nie Streit bei irgendwelchen Meinungsverschiedenheiten. Vielen Patienten fällt unser gutes Zusammenarbeiten positiv auf. Im Nachhinein kann ich nur dankbar sein über die gute Führung Gottes und für das Ebnen aller Schwierigkeiten auf diesem Weg. Einen tiefen Frieden habe ich im Herzen, dass ich mit meinem Partner am richtigen Ort zusammenarbeite. Ich bin zuversichtlich, dass wir gemeinsam unsere gesamte Lebensarbeitszeit in Birkenfeld, diesem kleinen Ort am nördlichen Rande des Schwarzwalds, verbringen werden.

Ein Leben mit Jesus bewahrt uns nicht vor Schwierigkeiten, doch Er trägt uns durch. Ich habe gelernt, dass Jesus der erste Gesprächspartner bei Problemen sein will. "All eure Sorgen werft auf ihn", diese biblische Aussage aus dem 1. Petrusbrief, Kapitel 5,7 bewahrheitet sich immer wieder in meinem Leben, "...denn Er sorgt für Euch!"

Das "Wunder von Ginosa di Marina "

Christian Kampowski, Jahrgang 1959, ist Techniker, lebte bis zu seinem 30. Lebensjahr in einem Städtchen am Bodensee und ist seit Juni 1991 verheiratet. Er und seine Frau Ellen dürfen glückliche Eltern von drei Töchtern sein.

Lieber Christian, du bist ein enger Freund von Stefan und noch nicht allzulange Christ...

Das stimmt, ich traf meine persönliche Entscheidung für Jesus Christus erst vor zweieinhalb Jahren. Natürlich war dies selbst ein großes Wunder Gottes in meinem Leben.

Sicherlich. Obwohl uns diese Erfahrung auch sehr interessieren würde, möchte ich dich jedoch heute nach einem anderen Erlebnis befragen; denn wie ich erfuhr, hattest du kürzlich einmal besonderes Verlangen nach weiteren praktischen Erfahrungen mit Gott. Könntest du kurz schildern, wie es dazu kam?

Ja gern. Wir sind vergangenen Mai mit zwei anderen Familien aus unserer christlichen Gemeinde nach Süditalien, nach Ginosa di Marina, gefahren. Unsere Ferien-Tage begannen am Morgen jeweils mit einer Zeit, in der wir gemeinsam in der Bibel lasen und uns dann über die Aussagen des Wortes Gottes austauschten. Danach zog es uns, innerlich gestärkt, an den herrlichen Strand...
Am zehnten Tag unseres Urlaubs sprachen wir morgens über einen Bibeltext aus dem 2. Buch Samuel, Kapitel 5, wo be-

richtet wird, wie David von Gott sehr deutlich Hinweise fürs persönliche Handeln bekommt. David betet dabei zu Gott und fragt um Rat. Und – so der biblische Bericht – Gott "antwortet" ihm und gibt praktische Hinweise. Unter uns entstand eine Diskussion, ob man denn tatsächlich dieses direkte Reden von Gott in die heutige Zeit übertragen könne. Ich bezweifelte, dass Gott auch heute noch so "plastische" Antworten gibt, da ich es noch nie erlebt hatte. Nach einem persönlichen Gebet deutliche Hinweise und Eindrücke von Gott selbst zu bekommen – das war mir irgendwie suspekt...

Doch manche meiner christlichen Freunde berichteten von Gebetsanliegen, die Gott ganz konkret erfüllt habe, und von Situationen, in denen sie Gottes Gegenwart und Handeln sehr deutlich gespürt hätten.

Und wie war deine innere Einstellung dazu?

Einerseits zweifelte ich daran und andererseits hatte ich das Verlangen, so etwas selbst einmal erleben zu können.

Am Abend dieses zehnten Tages bat ich Gott im Gebet, mir doch auch einmal so eine "plastische Gebetserhörung" zu schenken. Dabei wurde ich an ein unangenehmes Ereignis zu Beginn unseres Urlaubs erinnert...

An ein unangenehmes Ereignis? Was war denn passiert ...?

Es geschah bereits an unserem zweiten Urlaubstag. Ein starker Wind ließ hohe Wellen ans Ufer schäumen. Trotzdem gingen die beiden anderen Ehemänner – Andi und Martin – mit dem Schlauchboot ins Wasser und wollten etwas rauspaddeln. Allerdings konnten sie sich nicht lange halten. Eine große Welle ließ das Boot kentern und warf beide Männer ins knietiefe Wasser. Dabei rutschte Andis Brille vom Kopf und ging im

Strudel unter. Sofort begannen wir alle (sechs Erwachsene und neun Kinder!) mit der Suche.

Und? Habt ihr sie gefunden?

Nein, obwohl wir nur im knietiefen Wasser standen, waren die Wellen viel zu stark. Der gesamte Meeresboden war in Bewegung, nichts blieb an seiner Stelle... Durch den aufgewühlten Sand konnte man den Boden nur schwer erkennen. Es war aussichtslos.

Dann habt ihr also gleich aufgegeben?

Nein, wir suchten an der "gekenterten" Stelle. Wir suchten in der näheren und weiteren Umgebung. Wir gingen den Strand in alle Richtungen und schnorchelten das Wasser ab... nichts!
Auch in den nächsten Tagen suchten wir immer wieder das Meer und den gesamten Strand ab.
Die Brille blieb verschwunden...
Wir beteten sogar zu Gott, dass Er Andi die Brille doch wieder schenken möge; schließlich waren es 800,— DM, die innerhalb von Sekunden im Meer versunken waren.
Nach einer Woche glaubten wir allerdings nicht mehr daran, die Brille wieder zu finden.

Gott erhört also nicht immer unsere Gebete?

Nein, das tut er nicht. Ich betete aber weiterhin darum.

Und an diesen Vorfall wurdest du dann bei deinem Gebet am zehnten Urlaubs-Tag erinnert?

Genau. Und ich bat Jesus, dass ich doch für Andi die Brille finden dürfte. Ich wollte Ihm ganz bewusst dieses Wunder zutrauen.

Was ist dann geschehen?

Am Morgen des elften Tages stand ich zuversichtlich auf. Es herrschte eine erstaunlich ruhige See. Das Wasser lag klar und flach vor uns. Wir Männer gingen mit den Kindern schwimmen. Ich band mehrere Luftmatratzen aneinander und zog die Kinder hinter mir her. Alle hatten großen Spaß, und ich dachte an diesem Morgen überhaupt nicht mehr an mein Gebet und an die Brille. Beim Durchwaten des Wassers entdeckte ich plötzlich etwas Gebogenes Schwarzes ...eingegraben im Meeresboden. Ich bückte mich und zog es aus dem Sand heraus – es war eine Brille. Aufgeregt rief ich Andi zu mir, denn es schien mir unfassbar... doch er bestätigte mir freudig: "Es ist meine Brille!"
Fast zehn Tage im Wasser, im Sand gelegen, hin- und hergeschaukelt, inmitten von Steinen und Muscheln kam sie ohne einen einzigen Kratzer wieder zum Vorschein.
Gott schenkte Andi seine Brille wieder – und mir meine erste, sehr plastische Gebetserhörung.
Verständlicherweise freuten wir uns alle sehr darüber. Vor allem auch meine Frau, die mir solch eine praktische Erfahrung mit Gott von Herzen gönnte.

Das kann ich mir gut vorstellen. Deine Frau ist ja auch Christin – und hat ebenfalls ihre Erfahrungen mit Gott gemacht?

Ja, sehr einschneidende – doch sie soll selbst erzählen...

Eine Mutter-Kind-Gruppe mit Folgen

Ellen Kampowski nutzt ihre künstlerische Begabung, indem sie Bibelspruch-Bilder in einer modernen Gestaltungstechnik kreiert und die Buchumschläge für den christlichen Verlag "edition philemon" gestaltet. Außerdem arbeitet sie teilzeitlich beim Christlichen Partnerschaftsdienst in Birkenfeld mit.

Liebe Ellen, auch du möchtest uns etwas aus deinem Leben berichten? Warst du als Jugendliche schon religiös?

Nein, aber das hätte mir vielleicht manchmal geholfen, mit meiner Erkrankung besser zurechtzukommen und umzugehen...

Warum? Hattest du besondere Probleme in deiner Kindheit?

Seit meiner frühen Kindheit litt ich an Neurodermitis – in jungen Jahren war es so schlimm, dass mir meine Mutti abends vor dem Zubett gehen Baumwollhandschuhe anzog und ums Handgelenk herum zuband, damit ich mich nachts nicht blutig kratzte.
Nachdem ich jahrelang immer wieder mit Cortisonsalben behandelt wurde, ließ die Intensität des Ausschlages nach der Pubertät etwas nach. Er beschränkte sich „nur noch" auf Hals, Ellenbeugen, Kniekehlen und die Hände.
Zwei Urlaubsaufenthalte in Ägypten und Israel linderten die Beschwerden jeweils für ungefähr ein halbes Jahr, bevor die Ausschläge mit gleicher Wucht wiederkehrten.

Besonders stark wurden sie in der Zeit meiner Ausbildung zur Goldschmiedin, da ich sehr viel mit feinem Staub und Wasser in Berührung kam.

In dieser Zeit sahen vor allem meine Hände so schlimm aus, dass ich nicht am gemeinsamen Frühstück in der Kantine teilnahm, weil ich mich so sehr für mein Aussehen schämte.

Auch meine drei Schwangerschaften änderten an den immer wiederkehrenden schlimmen Schüben nichts.

Und wie kamst du dann in Kontakt mit einem lebendigen Christsein?

Nach der Geburt unserer ersten Tochter schloss ich mich einer Mutter-Kind-Gruppe an, die von der Freien Christlichen Gemeinde in Birkenfeld veranstaltet wurde. Durch den Kontakt mit diesen Frauen begann ich über mein eigenes Leben nachzudenken. Ich merkte, dass mir etwas fehlte, was ich bei ihnen spürte: Ich hatte das Gefühl, sie haben eine "Geborgenheit", einen "Frieden" für ihr Leben gefunden...

Das machte mich neugierig, und nach vielen Gesprächen und längerem Suchen und Forschen fand ich die Ursache dieses Friedens: Jesus Christus.

Hatte dies Konsequenzen für dein Leben?

Ja. Im Oktober 95 lieferte ich mein Leben ganz bewusst Jesus Christus aus, indem ich Ihm im Gebet sagte, dass ich mich ganz in Seine Hand legen und Ihm nachfolgen wolle.

Ergab dies praktische Veränderungen?

Ja, einige- um nur ein paar zu nennen: -als erstes natürlich, dass ich selbst diese Geborgenheit und den Frieden in Gott spüre; -ich kann besser mit eigenen Schwächen und Wünschen umgehen; - ich habe bei Gott ein „Zuhause" gefunden, die Gewissheit, dass mein Leben nicht einfach „passiert", sondern in Gottes Hand liegt; -außerdem enstanden total veränderte Prioritäten für mich und unsere Familie, nicht aus dem „Zwang" eines "religiösen Lebens", sondern aus freiwilliger Liebe zu Gott...

Was aber geschah bezüglich deiner gesundheitlichen Probleme?

Nun, es war so, dass ich fortan unter anderem auch die Gebetskreise der Freien Christlichen Gemeinde besuchte. In einem solchen Gebetskreis erzählte an einem Abend einer der Leiter dieser Gemeinde, dass er schon seit längerem gesundheitliche Probleme habe. Er habe schon mehrere Ärzte zu Rate gezogen und sich auch selbst Gedanken gemacht, wie er z.B. seine Gewohnheiten ändern könnte, um die Krankheit positiv zu beeinflussen. Bis ihm dann eines Tages, als es ihm wieder schlecht ging, der Gedanke kam, dass er bis dahin nicht daran gedacht hatte, Gott selbst seine Krankheit darzulegen und Ihn um Weisheit bei der Behandlung und sogar um Heilung zu bitten.
"Gott möchte unser erster Arzt sein..." betonte er deutlich.
In der Woche vor dieser Aussage wurde mir wieder einmal ein Rezept über eine Cortisonsalbe und Bestrahlungen beim Hautarzt verschrieben, da der Ausschlag schlimme Ausmaße angenommen hatte.
Am Morgen nach dem Gebetskreis betrachtete ich meine „Wunden" im Spiegel und dachte gerade daran, beim Hautarzt wegen eines Bestrahlungstermins anzurufen, als mir spontan der Bericht vom vorherigen Abend einfiel.
Es fiel mir wie Schuppen von den Augen, dass auch ich Jesus noch nie konkret und intensiv um Hilfe, um Heilung meiner Neurodermitiserkrankung gebeten hatte. So legte ich Ihm meine Krankheit hin. Ich bat Jesus um Verzeihung, dass ich mich,

was die Krankheit angeht, bisher mehr auf meine Gedanken verlassen und immer „nur" die Ärzte um Rat gefragt hatte – und dabei Ihn, den Schöpfer Himmels und der Erde ganz außer acht gelassen und vergessen hatte, dass Er sich wirklich um alle Sorgen und Belange Seiner Kinder kümmern möchte. Gott kennt mich ja in- und auswendig – folglich weiß Er allein am besten, wie die Krankheit richtig behandelt werden kann und soll. Er allein weiß, warum sie immer wiederkehrt. Er allein kann sie mir auch ganz nehmen und mich heilen... und darum bat ich Gott.

Was war die Folge von diesem Gebet?

Nach diesem Gebet kehrte zuerst einmal tiefer Frieden in mein Herz ein. Ich heftete das Rezept und die Überweisung an unsere Pinnwand und vergaß tatsächlich, einen Termin zu vereinbaren. Wie sich am nächsten Morgen rausstellte, sollte dies auch nicht mehr nötig sein! Gott heilte wirklich über Nacht einen extremen Neurodermitis-Schub völlig ab – und seit meinem Gebet an jenem Morgen im März 99 bin ich beschwerdefrei! Da kann ich doch wirklich nur sagen: Gelobt sei Gott, nicht wahr?!

Allerdings! – und vielen Dank für diesen mutmachenden Einblick in dein Leben.

Schwach – und doch getragen

Marion Mössinger *ist gelernte Chemie-laborantin und arbeitet – wie ihre Freun-din Ellen – teilzeitlich beim Christlichen Partnerschaftsdienst mit. Sie ist mit Stefan verheiratet und Mutter von vier Kindern.*

Liebe Marion, auch du bist bereit, kurz von deinen Erfahrungen mit Gott zu erzählen?

In einem Lied heisst es „ich kann nicht schweigen von dem, was Du (Gott) getan hast..."
Dieses Lied und die Ermunterung meiner Freundin Ellen, sind der Grund dafür, einen kurzen Einblick in mein Leben zu geben.
Im Sommer 2000 erkrankte mein Mann Stefan zum 2. Mal an Krebs. Eine Operation folgte und damit eine ungewisse Zukunft. Verbunden mit Angst tauchten plötzlich wieder Erinnerungen an seine erste schwere Erkrankung vor 13 Jahren auf. Erinnerungen an panikartige Angstzustände, durchwachte Nächte, ständiges Konfrontiertsein mit Stefans Leiden durch zwei Operationen und eine sehr schwere Chemotherapie. Aber nicht nur diese Erinnerung kam in mein Bewusstsein, sondern auch das unbeschreibliche Erleben, trotzdem in Gott geborgen sein zu können.

Konntest du diese Erfahrung nun auch wieder machen?

Viele Jahre hindurch haben mich diese positiven Gotteserfahrungen begleitet; dieses Mal allerdings lief alles ganz anders. Der innere Kampf gegen die Angst und der verzweifelte Versuch, Gott alles im Gebet abzugeben, wollte kein Ende nehmen.

Die Geborgenheit in Gott wollte sich nicht einstellen. Doch da kam Gottes Hilfe von einer anderen, ganz menschlichen Seite.

Wie sah diese Hilfe aus? Was meinst du damit?

Da war die Familie, die tatkräftig zur Seite stand, Gebete von gläubigen Bekannten, auch von anderen Gemeinden, ein unangemeldeter Besucher, der zuhörte, verstand, bei dem man sich ausheulen konnte; ein gekochtes Essen, ein gebackener Kuchen genau zum richtigen Zeitpunkt, ein segnendes Gebet unseres Hausarztes, das meine Verzweiflung (in kürzester Zeit) in Zuversicht umkehrte, ein Blumenstöckchen vor einer entscheidenden Untersuchung, viele mutmachende Bibelverse, das spontane Übernachtenlassen aller vier Kinder, das uns die Gelegenheit gab, miteinander zu weinen, zu planen und auch Gott unsere anklagenden Gefühle zu sagen, ja, ganz offen und direkt mit Ihm umzugehen, wie wir es bisher nie getan hatten. Am meisten stärkten mich allerdings die spontan einberufenen Gebetstreffen. Ich hatte das Gefühl, schwach zu sein und trotzdem getragen zu werden. Dies war Gottes Art, uns zu zeigen: Ich bin da, mir geht nichts durch die Lappen, ihr seid mir wichtig, obwohl uns der Glaube und das Vertrauen in seine Liebe abhanden gekommen war.

Noch wissen wir nicht, wie alles enden wird. Die Angst, dass Stefan sterben könnte, wird immer wieder aufflammen, aber das Wissen um einen lebendigen und erfahrbaren Gott und Vater, der auf seine Weise für uns aufkommt, gibt mir Mut für die Zukunft.

Vielen Dank für deine Offenheit. Verständlicherweise möchten wir nun auch deinen Mann Stefan bitten, uns etwas detaillierter und ausführlicher von eurem Kampf zu berichten.

Er wacht über mir!

Stefan Mössinger *ist 38 Jahre alt und von Beruf Notar.*

Lieber Stefan, in einer früheren Publikation berichtest du unter der Überschrift „Krebs – Endstation?" über deine leidvollen Erlebnisse. Damals, mit deinen 23 Jahren, glaubtest du an ein baldiges Ende deines Lebens?

Ja, ich hatte Hodenkrebs, und die in unserem damaligen medizinischen Fachbuch angegebenen Überlebenschancen waren mit 5% so niedrig, dass ich mich dem sicheren Tod verschrieben glaubte.

Damals war ich mit Marion erst verlobt. Für Marion und mich waren es bittere Stunden, denn wir mussten mit dem Schlimmsten rechnen. In unserer Not klammerten wir uns an Gottes Wort und suchten darin Trost. Die Zukunft lag dunkel, verhüllt und düster vor uns. Aber wir durften erleben, dass es gerade in einer solchen Situation nichts Befreienderes gibt als sich ganz in Gottes Hände fallen zu lassen, ihm zu vertrauen und alle Sorgen auf ihn zu werfen. Dieses Wissen, ganz in der Hand unseres lieben den Vaters zu sein, schenkte uns Geborgenheit und Kraft zum Durchhalten.

Du hattest damals zwei langwierige Operationen und eine schwere Chemotherapie durchzustehen. Was hielt dich so zuversichtlich?

Nach der ersten Operation mit dem niederschmetternden Befund (das entfernte Gewebe war befallen, was die rasche Entfernung sämtlicher Lymphknoten aus dem Bauchraum notwendig machte), las mein Vater im 4. Kapitel des Johannesevangeliums die Verse 46-54. Dort wird berichtet, wie Jesus den todkranken Sohn eines königlichen Beamten heilte. Dadurch redete Gott auch zu meinem Vater „Dein Sohn lebt". Es war die entscheidende Situation, in der mir durch meinen Vater klar wurde, dass ich noch einen schweren Weg zu gehen hatte, dass Gott mich aber heilen würde. Zu dieser Zusage kamen noch andere Bibelworte von Freunden, z.B: „Ich werde nicht sterben, sondern leben und die Werke des Herrn verkünden." (Psalm 118,17).

Wie ging es dir nach der Chemotherapie?

Da ich infolge der Chemotherapie noch eine gefährliche Infektion bekam, musste ich viel länger im Krankenhaus bleiben als erwartet. Am Tag der Entlassung wog ich noch 67 Kilo, fast sieben Kilo unter meinem Normalgewicht. Ich war so geschwächt, dass ich mich kaum zwei Minuten auf den Beinen halten konnte und sah fürchterlich aus. Doch ich dankte in dieser Zeit meinem Gott oft für viele Kleinigkeiten, die einem in „normalen" Zeiten so selbstverständlich sind.

Wurden dadurch deine sozialen Kontakte nicht sehr beeinträchtigt?

In einer Zwischenphase der Therapie konnten Marion und ich an einer Freizeit unseres Jugendkreises teilnehmen. Ich war dankbar, meine Glaubensfreunde wiederzusehen, die so viel für mich gebetet hatten. Ich wurde auch in meinem Zustand (z.B. mit Glatze aufgrund von Haarausfall) ganz normal aufgenommen. Das hat mir geholfen, alles besser zu ertragen. Das Wissen, dass viele für mich zu Gott beteten, hat mich immer wieder überwältigt. Ich hatte vorher nie so bewusst die Liebe meiner Glaubensfreunde gespürt.

Während der ersten Zeit im Krankenhaus haben mich viele besucht und dadurch erfreut, dass sie mir zeigten, wie sie mitleiden, mitbeten, mittrösten und mittragen wollten. Während der Therapiezeit erhielt ich viele Anrufe und Post. Es ist schön, so in eine Gemeinschaft eingebettet zu sein, mitgetragen zu werden und diese Liebe zu spüren, die Jesus für einen jeden bereit hat und die er durch sein Opfer am Kreuz für alle Menschen bewiesen hat.

Über den Jugendkreis hinaus haben viele Menschen, die ich zum Teil nicht einmal kannte, für mich gebetet. Die „Betergemeinschaft" reichte von Hamburg bis zum Bodensee. Und ich war stolz auf unseren Gott, der so etwas fertigbrachte.

Und Gott erhörte offensichtlich die Gebete und du wurdest wieder gesund?!

Ja, das Leben war mir neu geschenkt worden. Im September 1987 habe ich meine Ausbildung als Notar fortgesetzt, und im Januar 1988 haben Marion und ich geheiratet, was für uns ein ganz besonderes Geschenk unseres Herrn bedeutete.

Ihr seid inzwischen ja auch zu einer frohen, größeren Familie mit vier Kindern herangewachsen. Und nun hat euch, wie uns Marion bereits berichtet hat, wiederum Krankheitsleid getroffen...

Ja, schon seit 1992 bin ich nicht mehr in der strengen Nachsorgekontrolle für Tumorpatienten. Wer länger als 5 Jahre überlebt hat, ohne dass die Krankheit zurückgekehrt ist, gilt als auf Dauer geheilt. Für mich war das Thema Krebs damit schon längst abgeschlossen. Diese Sache war ein einmaliges

Erlebnis. Gott würde mir das sicher nicht mehr zumuten. Ich hatte schon genug gelitten. So dachte ich, bis ich im Mai 2000 bemerkte, dass mein zweiter Hoden öfter als sonst verhärtet war. Manchmal hatte ich auch leichte Schmerzen darin. Es konnte doch nicht sein, dass ich diese schreckliche Krankheit wieder bekam? Sicher, ich hatte in den vergangenen Jahren immer wieder Entzündungen gehabt. Seit der ersten Operation war mein Körper nicht mehr so, wie ihn Gott gedacht und geschaffen hatte. Aber wieder ein Tumor? Ausgeschlossen. Ich verdrängte alles und entschloss mich erst am 18. Juli, den Arzt aufzusuchen - mit fatalen Folgen.

Warum, was kam dabei zum Vorschein?

Der Arzt war schockiert, als er bei der Ultraschalluntersuchung den tiefen schwarzen Schatten entdeckte, den das Bild bot: „Sapperlott, sapperlott", sagte er immer wieder , „da ist etwas zu sehen, da muss ein Tumor sein." Ich kam mir wieder einmal vor wie im falschen Film. Das Gleiche wie vor 13 Jahren? Nein, noch einmal würde ich das nicht durchstehen wollen. Und doch, ich musste mich der Realität stellen: Operation, vermutlich Chemotherapie und wieder ein vernichtender Schlag. Es war wie ein immer wiederkehrender Alptraum. Ich wurde für den übernächsten Tag ins Krankenhaus zur sofortigen Operation bestellt. Wie ein Besessener fuhr ich mit meinem Fahrrad nach Hause. Dort brach ich innerlich zusammen. Als meine Frau ahnungslos nach Hause kam, traf sie die Nachricht wie ein Hammerschlag. Wir waren tief verzeifelt und haderten gegen Gott. Würde er mich heilen? Konnte er mich überhaupt heilen? Wozu wieder diese Tortur? Würde ich wieder diese schreckliche Chemotherapie durchmachen müssen? Ich spielte heimlich mit dem Gedanken, mich von einer Brücke zu stürzen. Ich hatte die Nase gründlich voll von diesem Leben, von Gott und seinem mir verordneten Schicksal, das mir eher wie ein schwarzer Fluch vorkam.

Deine Gefühle sind nur allzu verständlich. Wie ging es dann weiter?

Am nächsten Tag war Aufnahme im Krankenhaus, diesem Ort, den ich in den letzten Jahren nur mit Widerwillen betreten hatte. Allein der Geruch der Desinfektionsmittel löste in mir einen gedanklichen Brechreiz aus, einen unbeschreiblichen Widerwillen. Erste Gespräche mit Ärzten, viele unbeantwortete Fragen, eine urologische Station, die gerade in ein neues Gebäude umzieht, Schwestern in Hektik und Stress - diese Situation trafen wir an, als meine Frau und ich ins Städtische Klinikum Pforzheim kamen. Wir mussten abwarten, was nach der Operation herauskam. Die neue Station war sehr schön renoviert, wenn auch nur ein Provisorium. Ich fühlte mich wie im Gefängnis. Besuche halfen mir am ersten Tag durch die Wartezeit.

Ein Lied von Paul Gerhardt sprach mich sehr an: „Befiehl du deine Wege und was dein Herze kränkt, der allertreusten Pflege des, der den Himmel lenkt. Der Wolken, Luft und Winden gibt Wege, Lauf und Bahn, der wird auch Wege finden, da dein Fuß gehen kann."

Auch die weiteren Verse waren tröstend: „Gott wird dich aus der Höhle rücken...", ja, ich fühlte mich wie in so einer finsteren Höhle und fand nicht heraus. Ich nahm Paul Gerhardt diese Zeilen ab. Er hatte im 30-jährigen Krieg vier Kinder und seine Frau verloren.

Wie verlief die Operation?

Die Operation verlief reibungslos. Leider konnte der Hoden nicht mehr erhalten werden. Zu groß war der Befall. Ich hatte damit gerechnet, deswegen fiel der Schock nicht so groß aus, als ich alles erfuhr. Doch nun begann für mich die Zeit danach. Unter den kritischen Blicken des Pflegepersonals stand ich noch am Tag der OP auf, um zur Toilette zu gehen. Ich wollte kämpfen. Das war und bin ich mir und meiner Familie, meiner tapferen Frau schuldig. "So schnell gebe ich den Löffel nicht ab", dachte ich. Gott segnete mich die kommenden Tage mit schönem Wetter. Da die neue Station über eine wunderschöne Sonnenterrasse verfügt, die ich als Patient benutzen durfte, verbrachte ich die meiste Zeit dort, lesend, nachdenklich, betend, bei einem Kaffee, oft mit Besuch. Das half mir, den Gefängniseindruck fast völlig zu verlieren.

Am Freitag der OP-Woche rief Marion abends ganz verzweifelt an. Sie konnte nicht schlafen und heulte am Telefon. Ich versuchte sie zu beruhigen, doch hinterher wandte ich mich voller Anklage gegen Gott: „Gott, warum bist du so grausam zu mir und meiner Familie?" Ich verlangte von Gott eine Erklärung für all das Elend, das meine Familie und ich jetzt wieder durchmachen mussten. Ich las in Psalm 121,3. Dort heißt es: „Er wird nicht zulassen, dass dein Fuß wankt, dein Hüter schlummert nicht." Gott schläft heute Nacht nicht! Er sieht Marion und mich! Ich dankte ihm dafür und schlief darüber ein.

Es hat dich offensichtlich immer wieder zum Lesen der Psalmen hingezogen?

Ja, die Psalmen sind so mutmachend für Menschen, die in Not und Verzweiflung sind. Ich las am nächsten Morgen in Psalm 61. Dort steht in Vers 3: "Du wollest mich auf den Felsen leiten, der mir zu hoch ist", und Vers 5: „Ich möchte mich bergen im Schutz deiner Flügel". Ja, dachte ich, so ist meine Situation: Unüberschaubar, ich kann den rettenden Felsen einfach nicht erklimmen. Ich hänge über dem Abgrund und bin verzweifelt auf der Suche nach Halt und Hilfe. Dann sprach mich Vers 6 an: „Du gewährst das Verlangen derer, die deinen Namen fürchten" und Vers 7: „Du wirst Tage hinzufügen." Plötzlich wurde mir bewusst, dass hier Gott zu mir redet. Zum erstenmal betete ich konkret darum, dass Gott mich vor der Chemotherapie bewahrt. Wenn er meinen innersten Wunsch erfüllen wollte, wie es hier im Psalm 61 steht, dann wollte ich jetzt dieses Gebet sprechen. Gott ermutigte mich geradezu, dies zu tun.

Was geschah dann mit dir?

Am Samstag durfte ich für ein paar Stunden nach Hause. Dort erwartete mich eine Überraschung der Jungscharkinder unserer Gemeinde: Auf einem großen Plakat stand der Vers von Paul Gerhardt „...der wird auch Wege finden, da dein Fuß gehen kann..." mit einer Fülle selbst gebastelter Schmetterlinge. Ich freute mich riesig darüber. Noch einmal bekam dieser Liedvers für mich eine große Bedeutung.

Am Sonntag erlebte ich dann eine weitere große Überraschung: Gott schenkte mir eine ganz konkrete Zusage in Psalm 86,17: „Wirke an mir ein Zeichen zum Guten, ... weil du, Herr, mir geholfen und mich getröstet hast." Dieser Vers haute mich um. Das war doch die Antwort auf meine kürzliche Bitte! Ich war mir nun sicher, dass meine Lymphbahnen und meine inneren Organe nicht befallen waren und dass ich mit einer einfachen Nachsorge davon kommen würde, d.h. keine Chemotherapie machen müsste.

Ich weiss, dass Gott Gebet erhört. Dass er mir dies noch vorher ankündigt, war für mich atemberaubend. Meine Frau schaute sehr skeptisch, als ich ihr die gute Nachricht überbrachte. Zu oft schon hatte uns das Leben mit Hiobsbotschaften überrollt. Aber sie freute sich für mich und wollte mir meine Gebetserfahrung keinesfalls ausreden.

Der Montag sollte dann die Beweise bringen?

Am Montag sollten die ganzen Abschlussuntersuchungen (Computertomographie, Lungenbild) stattfinden und außerdem der histologische Befund bekanntgegeben werden (welche Art von Tumor wurde bei der OP entfernt?). Ich wusste: Heute wird Psalm 86,17 in Erfüllung gehen! Heute ist mein Glückstag, wo Gott seine Verheißung wahrmachen wird.

Und schon am Morgen bekam ich den Bericht des Arztes: Es wurde nur ein einfacher Tumor entfernt, nicht vergleichbar mit dem aggressiven Mischtumor, den ich 1987 hatte. Ich jubelte: Gott erfüllt seine Verheissung!

Am frühen Nachmittag waren alle Untersuchungen abgeschlossen – ohne positiven Befund, d.h. es lag kein organischer Befall vor. Ich ging wie auf Wolken. Gott überschüttete mich heute mit Wohltaten. Überraschend wurde ich noch am gleichen Tag entlassen, womit ich überhaupt nicht gerechnet hatte!

Damit ist die Sache wohl zu einem guten Ende gekommen?

Nein, so einfach war und ist es nicht. Da mein Körper kaum mehr das Hormon Testosteron produziert, muss ich eine dauerhafte Hormonbehandlung auf mich nehmen. Schon die Einstellung war schwierig. Ich bekam im August eine Depotspritze, die wegen des Hormontiefs bei mir wie ein Dopingmittel wirkte. Fast 14 Tage lang hatte ich einen Puls zwischen 100 und 120 und schlief sehr wenig aufgrund der körperlichen Unruhe. Andere Präparate ließen mich später in eine Art Apathie und Schläfrigkeit verfallen. Sollte so das weitere Leben aussehen? Ein Leben minderer Qualität? Auch die weiteren Nachuntersuchungen waren jedesmal von innerer Anspannung und Nervosität begleitet. Da ich ab September 2000 wieder voll arbeitete, bedeutete dies für mich neben der Hormoneinstellung eine zusätzliche große Belastung. Doch jede Untersuchung schien zu beweisen, dass Gottes Verheißung stimmt.

Folglich waren alle Zweifel unbegründet?

Zweifel an Gottes Verheißung sind prinzipiell unbegründet. Zum Jahreswechsel wurde mir besonders ein Vers aus den Sprüchen (Spr. 3,5) ganz wichtig: „Vertraue auf den Herrn mit deinem ganzen Herzen und stütze dich nicht auf deinen Verstand." Ja, das ist mein Problem. Mein Verstand redet mir zu oft ein: Was ist, wenn alles nicht stimmt? Hat dich Gott im Sommer 2000 nicht wieder einmal reinfallen lassen? Wo war er da? Er hätte doch das ganze Theater vermeiden können. Doch ich wollte einfach Gottes Verheißung glauben, dann würde schon alles gutgehen....dachte ich.....

...bis zum März 2001. In diesem Monat wurden alle bisherigen Gedankengebäude, Gottesbilder und meine persönlichen Erwartungen auf den Prüfstand gestellt, hinterfragt und teilweise zerstört.

Wie denn das? Kannst du uns dies etwas genauer schildern?

Ja, ich erinnere mich noch genau : Am 2. März 2001 soll ich plötzlich meinem behandelnden Arzt anrufen. Etwas ungewöhnlich. Was gibt es da so Wichtiges zu bereden? Warum ist das so dringend, ich habe doch erst einen Termin gehabt? Ein Gefühl der Angst beschleicht mich. Ob mit dem Blutwert etwas nicht stimmt? Der Arzt prüft nicht nur die Hormonwerte, sondern auch die sogenannten Tumor-Marker, d.h. Indikatoren im Blut, die auf einen entstehenden oder vorhandenen Tumor hinweisen. Und tatsächlich: Ein Wert ist erhöht. Es muss ein Herd vorhanden sein, wenn es nicht ein Messfehler ist. Ist Gottes Verheißung am Ende? Muss ich jetzt doch diese Chemotherapie machen? Die Gedanken kreisen. Die Zweifel machen sich breit. Ich hadere mehr denn je mit Gott. Erst seine Zusage und dann der Reinfall?! Wie stehe ich nun vor anderen da, denen ich meine Erfahrung mit Gott geschildert habe? Kann das sein? Habe ich andere Christen irregeführt und jetzt bekomme ich die Rechnung präsentiert? Vielleicht gibt es doch keinen Gott und alles ist nur Einbildung? Diese Gedanken martern mich. Ich finde keinen Trost in Gott.

Ich bete: „Herr, du musst jetzt den Beweis der Verheißung erbringen, ich kann jetzt nichts mehr tun." Ich bekomme in den nächsten Tagen Besuche, die mich trösten und auch Zusagen aus der Bibel, die eigentlich genau zutreffen. Doch ich bin Gott gegenüber misstrauisch geworden. Ich kann ihm nicht mehr alles so kindlich abnehmen wie bisher. Einer dieser Verse spricht mich besonders an: Psalm 119,69: „Errette mich nach deiner Zusage!". Möchte Gott mich an seine Zuverlässigkeit und an die Bedeutung des Gebets erinnern? Verlass dich nicht auf deinen Verstand, sondern vertraue auf den Herrn, so schießt es mir durch den Kopf. Das ist furchtbar schwer, denke ich. Doch ich halte Gott seine eigenen Worte vor und bete einfach: Tu jetzt was!

Die Ärzte sind ratlos, die Freunde bedrückt. Der kommende Gottesdienst am Sonntag wird von der schlechten Nachricht über den "Rückfall" überschattet. Wir tragen die Trauer und die Tränen gemeinsam. Ich fühle mich geborgen. Keiner versucht Erklärungen zu liefern. Es wäre doch alles nur hohl gewesen.

Es kommt in den folgenden Tagen zu einem Wettlauf zwischen Hoffnung und Verzweiflung. Trotz der gegenwärtigen Anspannung muss ich einen enormen Arbeitsstress bewältigen. Manchmal bin ich während der Arbeit mit dem Kopf ganz wo anders. Doch die Arbeit hilft mir auch, die negativen Gedanken zu verdrängen. Das Ergebnis der zweiten Blutuntersuchung ist ein Schock: Innerhalb von 7 Tagen ist der Blutwert um mehr als das Doppelte angestiegen. War bisher noch Hoffnung da, so bricht die Verzweiflung nun über uns herein wie die Flut über das Land nach einem Deichbruch.

Alle Anzeichen sprechen wieder für wachsende Tumorzellen. War ich bisher schon verunsichert, so bricht meine Bitterkeit gegen Gott nun ungehemmt heraus. „Gott schlägt mich gerade vollkommen zusammen", ist mein Eindruck. „Gott macht doch gerade was er will. Er steckt mit Satan unter einer Decke. Wie soll ich ihm noch vertrauen können, wenn er mich so hintergeht?" Diese Gedanken quälen mich noch mehr und bringen mich in den kommenden Tagen innerlich von Gott weg. Ich lese mehrere Tage nicht mehr die Bibel und bin voller Rebellion.

Da die Blutwerte nicht stimmen, muss die Nachsorgeuntersuchung, die im März sowieso stattfinden soll, jetzt Klarheit bringen, ob schon ein Befall der inneren Organe sichtbar ist. Doch dann redet Gott wieder zu mir. Von einem Freund bekomme ich nachträglich von seinem Kalenderzettel das Bibelwort für den 2. März 2001 (der Tag der ersten Hiobsbotschaft): "Du schaust mein Elend und den Jammer an; es steht in deinen Händen" (Psalm 10,14) und "Jesus...machte gesund, die der Heilung bedurften." (Luk. 9,11). Diese Zusagen berühren mich bis tief in mein Inneres. Doch auch die Zweifel kommen wieder: Was hat Gott vor? Wozu die ganze Aufregung?

Mit innerem Zittern und Angst melde ich mich zur radiologischen Untersuchung. Marion begleitet mich. Die Untersuchungen gehen zügig voran. Das Warten auf die ersten Ergebnisse wird zur großen inneren Anspannung. Dürfen wir hoffen oder sieht es schon ganz schlecht aus? Dann kommen die Ergebnisse: Die Lunge ist frei. Und schliesslich auch das letzte Ergebnis: Kein Befall der inneren Organe im Bauchraum. Ja, bis jetzt steht Gott zu seiner Verheißung. Aber was nun?

Der Arzt empfiehlt mir die bisher beste Methode der Untersuchung: Eine Positronen-Emissions-Tomographie- kurz PET genannt- des ganzen Körpers. Mir ist bis dahin nur bekannt, dass bei dieser Untersuchung mit Hilfe radioaktiver Substanz selbst der kleinste Tumor entdeckt werden kann. Also werde ich diese Untersuchung nun auch über mich ergehen lassen.

In dieser schweren Zeit bekomme ich von Freunden auch Worte von Hiob zugesprochen, die meine Situation ziemlich gut beschreiben. Aus Hiob 30: *„Ich schreie um Hilfe, o Gott, aber du antwortest nicht. Ich stehe vor dir doch du siehst mich nicht an. Du bist mir ein grausamer Feind geworden, mit aller Kraft greifst du mich an und zerschmetterst mich dann mit lautem Krachen. Doch wer unter Trümmern verschüttet wurde, streckt die Hand nach Rettung aus; schreit man nicht im Unglücksfall um Hilfe?"* Ich fühle mich eins mit dieser Gestalt des Alten Testaments und bin froh, dass da schon mal einer war, der genauso empfunden hat wie ich. Das Buch Hiob wird mir in den nächsten Tagen so wichtig wie noch nie.

Ziemlich kurzfristig bekomme ich einen Termin für die PET-Untersuchung. Ich werde „eingeschoben". Doch mit dem Termin kommen auch wieder die Ängste vor der Untersuchung und vor dem Ergebnis. Was muss ich noch alles durchmachen? Trotz meines inneren Aufgewühltseins gehe ich in den Gebetskreis unserer Gemeinde. Ich habe den Eindruck, dass ich die Gemeinschaft jetzt nötiger habe denn je. Ich bin tief getröstet und fühle mich geborgen durch die Gebete für uns und auch das Bewusstsein, dass so viele da sind, die uns mittragen. Auch ein Konzert mit dem Wort-des-Lebens Jugendchor am Wochenende ermutigt mich sehr durch die geistlichen Lieder und die Musik, Gott wieder zu vertrauen.

Aus Psalm 119 bekomme ich eine weitere Zusage von Freunden: „Lass mich nicht beschämt werden in meiner Hoffnung. Stütze mich, dass ich gerettet werde." Ich mache diese Verse zu meinem Gebet und bitte Gott, dass er sich an seine Verheißung vom Sommer erinnert. Ich lebe eine Art geistliche „Schmalspurbahn". Vieles ist in mir zerbrochen. Genau genommen eigentlich alles, was ich bisher so geglaubt habe.

Bis zum Sommer dachte ich: Ein zweites Mal wird mich Gott nicht so etwas Schweres erleben lassen. Ich habe jetzt von ihm ein gutes Leben in Gesundheit verdient. Das war meine *irdische* Erwartung und mein falsches Anspruchsdenken Gott gegenüber.

Dieses Denken, diese Erwartung wurde im Sommer 2000 komplett zerstört. Bis zum März 2001 dachte ich: Was Gott zusagt, hält er. Das wird nicht einmal groß hinterfragt, denn Gott lügt und betrügt ja nicht. Das war meine *geistliche* Erwartung Gott gegenüber. Auch dieses Denken wurde nun scheinbar als falscher Weg entlarvt. Mir war, als würde Gott seine eigenen Verheißungen hinterfragen und es sah so aus als wolle er uns hinterlistig in eine Falle laufen lassen – oder Er sei zu schwach, um sein Wort zu erfüllen. Erst jetzt wurde mir bewusst, dass dieses Denken mich lange blockiert hatte und das Wirken des Heiligen Geistes in mir zum Stillstand brachte. Praktisch wurde ich im März nur durch andere getragen. Ich habe zwar im Beruf und in der Familie funktioniert und auch in der Gemeinde meine Aufgaben verrichtet, aber innerlich war ich dem Leben mit Gott ziemlich fremd geworden. Ich war nicht mehr ich selbst. Ich glaube aber, dass Gott diese Situation deshalb bewusst zugelassen hat, um seine Verheißung vom Sommer 2000 noch wertvoller zu machen (auch durch Schwierigkeiten hindurch gilt sein Wort!) und um mich von meinem falschen Denken zu befreien, von meinem irdischen und geistlichen Anspruchsdenken (ich habe das und das verdient).

Konntest du die ganze Sache dann anders sehen?

Die PET-Untersuchung kam nun auf mich zu. Wieder hat Marion mich ins Krankenhaus nach Karlsruhe begleitet und darüber war ich sehr froh. Es ist ungemein tröstend und ermutigend, jemanden in den schweren Stunden direkt bei sich zu haben. Da mein Auto in der Reparatur war, bekamen wir kurzfristig das Auto eines Freundes geliehen, so dass wir bequem zum Krankenhaus kamen. Die PET-Untersuchung läuft so ab, dass zuerst eine radio-aktive Substanz gespritzt wird und dann die Untersuchung mit dem dafür gebauten Apparat abläuft, auf dem ich ca. 2 Stunden bewegungslos liegen musste. Danach wird alles durch Computer ausgewertet. Da das radioaktive Mittel mit der Zeit ausgeschieden wird und sich dann in der Blase ansammelt, erschwert dies die Auswertung, da zu viel strahlende Substanz vorliegt. Deshalb musste ich noch den für mich sehr schmerzhaften Blasenkatheder legen lassen. Danach kam ich mir wirklich vor wie ein Tier, das zur Schlachtbank geführt wird. Aber: Ging es nicht Jesus genauso? Hat er nicht bereits für mich all diese Schmerzen und die Folter des Kreuzes ertragen? Ich bin froh, dass Gott so etwas schon getan hat.

Gott selbst hat bewiesen, dass er unschuldig und zu meinem Besten diese Tortur auf sich genommen hat. Was ich durchmache hat Jesus längst schon durchgemacht. Diese Gedanken trösten mich wieder und bringen mich Gott wieder näher. Am frühen Nachmittag ist die Untersuchung dann zu Ende und der Blasenkatheder entfernt. Ich atme auf. Endlich darf ich etwas essen. Marion hat mir frische Brötchen mitgebracht. Heißhungrig mache ich mich über alles her. Doch dann kommt der Pfleger noch einmal heraus: In der Blase hat sich doch zu viel radioaktive Flüssigkeit angesammelt. Ich muss noch einmal Wasser lassen und dann rein ins Untersuchungszimmer. Dass ich nicht mehr nüchtern bin, macht zum Glück nichts aus. Also noch einmal eine halbe Stunde liegen. Mein Magen drückt. Ich habe zu schnell gegessen. Doch auch die Untersuchung findet ein Ende und ich werde vom Pfleger für meine Geduld gelobt. Die innere Anspannung weicht einer großen Erleichterung.

Ich muss noch einen Tag auf das Ergebnis warten. Am kommenden Tag bin ich so nervös, dass mir die Arbeit kaum von der Hand geht. Bei jedem Telefonat zucke ich zusammen. Ich bitte

Gott um Kraft, durchzuhalten und mache mir Vorwürfe, dass ich überhaupt zur Arbeit gegangen bin. Und dann kommt am Spätvormittag der Anruf aus Karlsruhe: Die Ärztin beruhigt mich, man hat nichts entdecken können. Ich komme mir vor wie neugeboren. Tränen der Freude kommen, ich bin so froh. Immer wieder muss ich Gott danken. Ja, bis jetzt ist die Verheißung noch nicht umgeworfen worden.

Die Abendmahlsfeier in der Gemeinde am Abend wird zu einem Fest der Freude über Gottes gnädiges Handeln. Viele sind da, um Gott zu danken und zu loben. Das Erlebnis schweißt zusammen und nun dürfen alle die Früchte dieses Kampfes miterleben. Gott hat durch andere geredet, während ich völlig blockiert und am Ende war. Ich wurde während all der Zeit durch die Gebete und die Hilfe meiner Freunde getragen.

Marion und ich bekamen eine weitere Ermutigung, als wir ein Andachtsbuch lasen: 5. Mose 31,6 „Seid stark und mutig, fürchtet euch nicht und erschrecket nicht vor ihnen, denn der Herr, dein Gott, er ist es, der mit dir geht; er wird dich nicht versäumen und dich nicht verlassen."

Diese Zusage gab uns viel Mut, denn noch waren meine Blutwerte nicht im normalen Bereich. Inzwischen hatte ich über einen befreundeten christlichen Arzt mit einer alternativen Methode weitere Anstrengungen unternommen, auf meine persönliche Situation Einfluss zu nehmen. Tabletten, die Bakterien enthalten, sollten mit schädlichen Tumorzellen eine Verbindung eingehen und sie so zur Ausscheidung aus dem Körper führen (eine Art künstliche Apoptose). Ich wollte nichts unversucht lassen und siehe da: Die Blutwerte gingen relativ rasch in den normalen Bereich über.

Rund 10 Wochen später waren die Werte wieder im Normalbereich!

Gibt es eine Erklärung dafür?

Nein, es gibt keine Erklärung über diesen Vorgang, auch nicht von Seiten der Ärzte.

Ob Gott ein Wunder tat, ob ein Messfehler vorlag, ob die Tabletten ihre Wirkung gezeigt haben (wofür einiges spricht) oder sonst eine Ursache vorlag, das kann derzeit niemand sagen. Ich wünsche mir, dass Gott zu seiner Verheißung auch weiterhin steht. Denn eine menschliche Garantie gibt es nicht. Ich habe nur die göttliche Zusage und die hat Gott im März 2001 auf eine Art und Weise hinterfragt, dass alles bei mir ins Schwimmen gekommen ist samt meinem bisherigen Glauben und Gottesbild.

Ich kann Gott nicht vorschreiben was er zu tun hat. Gott ist souverän. Er kann Verheißungen geben und sie auch hinterfragen. Gott hat das in der Geschichte oft getan. Er gibt mir Geborgenheit, aber er nimmt mir nicht immer die Angst und die Sorgen, auch wenn ich sie ihm abgeben darf. Wichtig wurde mir auch, dass ich mit Gott auch hadern darf. Er möchte, dass wir ihm unsere Gefühle und Gedanken mitteilen, unsere Enttäuschungen und Wünsche, so wie Hiob es getan hat.

Heute morgen wurde mir noch ein Vers aus den Sprüchen wichtig, mit dem ich meine Schilderung schließen will: "Der Aufrichtige mag zwar vom Unglück verfolgt werden, aber er steht immer wieder auf. Der Gottlose dagegen kommt darin um." (Sprüche 24,16)

Gott hat mir gerade heute morgen bestätigt, dass er mich nicht hängen lassen wird. Das ist ein Beweis seiner Liebe und seiner Freundschaft. Es hat mich tief berührt. Ich weiß nicht, wie sich mein Gesundheitszustand weiter entwickeln wird, aber ich weiß, dass der Herr über mir wacht.

Vielen Dank, dass du uns an diesem bewegenden persönlichen Erleben hast teilhaben lassen!

Joshua — Gott ist Retter

Beate Garbe ist die Schwester von Stefan, verheiratet mit Christoph und gelernte Krankenschwester.

Liebe Beate, auch du bist bereits mit einem Kampf auf Leben und Tod konfrontiert worden! Kannst du uns die damalige Situation etwas schildern?

Ja, ich erinnere mich noch gut an jene Situation, als das Thermometer immer um 39° C anzeigte. Ich war verzweifelt. Schon fast zwei Wochen quälten mich hohes Fieber und starke Kopfschmerzen. Medikamente zur Linderung konnte ich nicht einnehmen, da ich im 8. Monat schwanger war. In dieser Zeit herrschte eine Grippewelle und mein behandelnder Frauenarzt riet mir abzuwarten. Doch es trat keine Besserung ein. Im Gegenteil, kurz darauf bekam ich nachts in unregelmäßigen Abständen Wehen. Gleich morgens informierte ich meinen Frauenarzt, der mich mit der Begründung, dass mein Fieber keine gynäkologische Ursache habe, an den Hausarzt verwies.

Zwischenzeitlich wurden die Wehen stärker. Doris, meine Nachbarin, fuhr mich schließlich zum Hausarzt. Dieser hielt nochmals Rücksprache mit dem Gynäkologen, der mich für den späten Nachmittag zur CTG-Kontrolle (Überwachung der Wehentätigkeit) einbestellte.

Ich hatte Angst um unser Kind, da es noch sechs Wochen bis zum Geburtstermin waren. „Herr", betete ich, „gib mir bitte Kraft, denn ich habe keine mehr."

Doris brachte mich zum Auto und sagte zu mir : „Egal, was die Ärzte sagen, ich fahr dich ins Krankenhaus, denn da gehörst du jetzt hin!"

Also fuhren wir ohne jegliche Unterlagen und ohne das berühmte „Klinik-Köfferchen" ins Krankenhaus. Im Kreißsaal wurde ich gleich untersucht und an den Wehenschreiber angeschlossen, der dann auch schon Wehen in kurzen Abständen anzeigte. Als der Chefarzt mir mitteilte, dass sie alles tun wollten, damit unser Kind heute noch geboren würde, war ich etwas schockiert. Jetzt schon, so früh? Ich war auf die Geburt noch gar nicht richtig eingestellt. Zumal der Name noch nicht feststand und das Wickelbrett zu Hause noch in Einzelteilen sein Dasein fristete.

Als sich Doris dann um die Mittagszeit von mir verabschiedete, bat ich sie, noch meinen Mann, der von dem heutigen Durcheinander noch nichts wusste, in der Firma zu benachrichtigen. Bis Christoph am Nachmittag eintraf, kam ich mir so richtig verlassen vor. Zwischen all den Wehen schickte ich immer wieder Stoßgebete zu Gott : „Herr, ich verstehe dich nicht. Warum ausgerechnet ich?"

Als mein Mann eintraf, war ich erleichtert. Mit Hochdruck begannen wir nochmals unsere Namensliste durchzuarbeiten, um nicht später ohne einen Namen für das Kind dazustehen. Nach einigem Hin und Her konnten wir uns dann schließlich entscheiden.

Am späten Abend entschlossen sich die Ärzte für einen Kaiserschnitt, da die Herztöne unseres Babys immer schneller wurden.

Auf dem Weg in den OP betete ich zu Gott , „Lieber Vater, du siehst jetzt meine Ängste, die ich um unser Kind habe. Du weißt wie es mir körperlich geht. Danke, dass du jetzt bei mir bist!"

Es war für mich schön und beruhigend, dass Christoph mit in den OP kam, so konnten wir die Geburt unseres ersten Kindes wenigstens zu zweit erleben.

Kurz nach Mitternacht wurde unser kleiner Joshua geboren. Nie werden wir die unheimliche Stille vergessen, das bange Hoffen, während die Anästhesistin sich um Joshua kümmerte, bis endlich ein schwaches Weinen die Stille im OP-Saal beendete. Wir waren sehr erleichtert und dankbar, als wir erfuhren, Joshua sei gesund und müsste daher nicht in die Kinderklinik verlegt werden.

Wieder zurück im Kreißsaal hielt Christoph unseren Joshi schon warm eingepackt in seinen Armen. Staunend sagten wir Gott Dank für das kleine Wunder, das er uns anvertraut hatte.

Konntet ihr mit eurem Kleinen dann bald nach Hause?

Nein, denn kaum waren wir drei etwas eingeschlafen, als plötzlich die Hebamme, die gerade ins Zimmer trat, mir Joshua aus den Armen riss und zur Sauerstoff-Versorgung eilte.

Joshi war genau in dem Moment, als sie nach ihm sehen wollte, blau angelaufen, was einen akuten Sauerstoffmangel anzeigt. Im Nachhinein kann ich nur sagen, das war Gottes bewahrendes Timing!

Wie ging es dem kleinen Joshua?

Schon bald stellte sich heraus, dass seine Blutwerte nicht in Ordnung waren und er sofort in die Kinderklinik verlegt werden musste. Ein kurzes Drücken, ein Kuss und weg war er! Ich war wie leergebrannt. Da lag ich nun, hatte Schmerzen, war voller Sorge um unseren kleinen Spatz, und ich konnte nicht mal bei ihm sein.

Wieder schrie ich zu Gott: „Wie kannst du so was zulassen, warum das Ganze?" Die darauffolgenden Tage war ich verzweifelt. Joshua hatte eine Sepsis, die durch eine Infektion mit Listeriosebakterien verursacht worden war. Ich selbst hatte die Infektion gehabt und sie ihm übertragen. Sein Leben schien an einem seidenen Faden zu hängen. Die Blutgerinnungswerte waren so schlecht, dass eine Transfusion nötig war. Außerdem vermuteten die Ärzte, dass er eine durch die Sepsis hervorgerufene Meningitis (Hirnhautentzündung) haben könnte. Glücklicherweise erwies sich diese Vermutung als falsch. So jagte eine Nachricht die andere. Auf die Frage von Christoph über eine Prognose hüllten sich die Ärzte mehr oder weniger in Schweigen. Wir erfuhren nur, dass wir seit Jahren der erste Fall mit solch einer Listerioseinfektion waren.

Irgendwie war ich auf Gott wütend, der so etwas in meinem Leben zuließ. Weder zum Bibellesen noch zum Beten hatte ich Lust. Es nützte ja doch nichts... Eine knappe Woche später konnte ich dann zusammen mit Christoph Joshua das erste Mal in der Kinderklinik besuchen. Es brach mir fast das Herz, als ich ihn so daliegen sah, mit all den Schläuchen an seinem kleinen Körper. Würde er es schaffen und gesund werden, ohne dass eine Behinderung zurückblieb?

Nahmst du den Kontakt mit Gott wieder auf?

Ja, etliche Tage später griff ich dann doch wieder zu meiner Bibel. Wahllos blätterte ich darin herum. „Herr", betete ich, „ich möchte dir so gerne vertrauen, bei dir Ruhe finden, mich durch dein Wort ermutigen lassen, aber ich habe das Gefühl, es kommt nichts zurück. Rede doch mit mir!" Und Gott ließ mich nicht im Stich. Er redete zu mir.

Wie denn?

Beim Durchblättern meiner Bibel stieß ich auf das Personenverzeichnis und blieb bei Josua – dem Namen unseres kleinen Sohnes – hängen. Die Bedeutung des Namens Josua war mir vorher nicht bewusst gewesen. Josua bedeutet: Der

Herr ist Rettung, Hilfe. Das schlug bei mir wie eine Bombe ein. Immer wieder las ich den Satz. Das war genau Gottes Antwort auf mein Gebet. Irgendwie war ich beschämt wie schnell und unbürokratisch Er geantwortet hatte. Gott benutzte einen einfachen kleinen Satz, um mir inneren Frieden zu geben. Von da ab hatte ich die Gewissheit, dass Gott unseren kleinen Joshi am Leben erhalten würde. An diesem Abend konnte ich das erste Mal seit Tagen wieder beruhigt einschlafen.

Stand Gott zu seiner Zusage?

Allerdings! Wir konnten bei den täglichen Klinikbesuchen die Fortschritte von Joshuas Genesung miterleben. Jeden Schlauch, jedes Überwachungskabel, das nicht mehr an ihn angeschlossen war, verbuchten wir als kleinen Sieg!
Manchmal schlichen sich jedoch heimliche Zweifel bei mir ein: Ob er sich ganz normal entwickeln würde? Hoffentlich hatte er keinen Schaden durch den Sauerstoffmangel nach der Geburt erlitten... Doch ich hatte es mir angewöhnt, diese Gedanken an Gott abzugeben und mich an seine Zusage auf Hilfe und Rettung zu erinnern.
Nach knapp zwei Wochen, ich war bei meinem täglichen Klinikbesuch, kam eine Schwester in das Dienstzimmer gestürzt und rief voller Freude: „Unser Großer (so wurde Joshi liebevoll auf der Station genannt) ist gesund. Seine Blutwerte sind vollkommen in Ordnung!"
Überglücklich nahm ich unseren kleinen Joshi in meine Arme und dankte Gott für seine Rettung und Hilfe.
Einige Tage später war sein Gesamtzustand so stabil, dass wir ihn endlich mit nach Hause nehmen konnten. Gemeinsam dankten wir Gott immer wieder für das Wunder der Heilung.
Später las ich nochmals in einer Fachliteratur, dass für Neugeborene, die eine Listeriose hatten, eine Mortalität bis zu 70%

besteht und 50% der Überlebenden eine bleibende geistige Behinderung haben. Bei jeder Vorsorgeuntersuchung bangte ich immer wieder, ob er sich normal entwickelt hatte. Doch wurde mir dann immer versichert, dass er sich entsprechend seinem „Frühchen-Alter" normal und gesund entwickelt hatte.

Wie geht's Joshua heutzutage?

Heute ist Joshua ein kleiner gesunder, fröhlicher 6-jähriger Kerl, dem man seine „Startschwierigkeiten" nicht mehr anmerkt.

Unser größter Wunsch ist es jedoch, dass er nicht nur körperlich gesund ist, sondern Jesus als seinem persönlichen Retter und Heiland sein Leben übergibt.

Danke, liebe Beate, für deine packende Schilderung.

Auszug aus einer Diskussionsrunde zum Thema "Gott ist erfahrbar"

 Der Lehrer **Markus** glaubt an die Erfahrbarkeit Gottes in dem Maße, wie wir uns selbst erfahren. Seine These: "Für mich ist Gott im Menschen. Die Begegnung mit dem Nächsten ist Gottesbegegnung".
Die Direktionssekretätrin **Renate** zweifelt dagegen die Erfahrbarkeit Gottes an. Ihre These: Die sogenannten Gotteserlebnisse sind autosuggestive Erfahrungen. **Walter** meint dagegen: Gott ist erfahrbar, und zwar persönlich und individuell durch Jesus Christus.

Markus: Je tiefer wir in uns gehen, desto näher werden wir der Gotteserfahrung kommen... es gibt eine höhere Macht. Nennen wir sie Gott. Und dieser Gott ist überall, in der Natur, auch in uns selbst...

Renate: Gott soll in mir sein? Ist das nicht einfach eine naive Vorstellung? Ich selbst habe jahrelange Erfahrung auf dem Gebiet der Meditation und der Hypnose. Auch beim tiefen Eindringen in die menschliche Seele kommt man nicht zu einem Gott, höchstens zu Erfahrungen, die sich automatisch aus einer Erwartungshaltung heraus ergeben. Wer sich nachdrücklich Gotteserlebnisse wünscht, bei dem können diese zwar auftreten, doch hat das mit einer wirklichen Gotteserfahrung nichts zu tun. Es handelt sich dabei um Illusionen, um Autosuggestion. Wenn – und ich sage bewusst wenn – es ein höheres Wesen überhaupt gibt, dann hockt es sicher nicht im Menschen; dies beweist die Menschheitsgeschichte selbst! Betrachten wir doch die Menschen objektiv: Da kommt man doch wirklich nicht auf die Idee, dass Gott in ihnen ist...

Markus: Der Mensch erkennt sein Inneres eben nicht, und so bleibt Gott bei vielen einfach verschüttet...

Renate: ...und durchs Hineinhorchen willst du ihn wieder ausgraben? Woher willst du denn wissen, dass deine innere Stimme dann die Stimme Gottes ist?

Markus: Das glaube ich eben. Gott kann man nicht beweisen, man muss an ihn glauben.

Walter: Ich muss mit Renate sagen, dass auch ich Gott nicht durch Hineinhorchen oder durch Meditation erfahren habe. Dieser "Gott in uns" ist – wie du sagst, Markus – wirklich eine reine Glaubenssache ohne zwingende Logik, ohne Fundament. Renate meint „wenn" – wenn es Gott gibt, dann..., nun, dann ist er eben Gott, ein personenhaftes Wesen, das denken und empfinden kann und einen Willen besitzt. Dann wird sich dieser tatsächliche Gott aber keinen Deut um unsere Vorstellung über ihn kümmern. Er wird so sein, wie er eben ist – unabhängig von sämtlichen menschlichen Thesen und Theorien. Der Gott der Bibel offenbart sich deshalb auch als „Ich bin, der ich bin!" An diesen Gott der Bibel glaube ich. Er steht weit über aller menschlichen Vorstellungskraft. Und diesen Gott habe ich auch persönlich erlebt...

Markus: Du musst aber auch ohne zwingende Logik glauben, nicht wahr, Walter?

Walter: Nein, Markus, glücklicherweise nicht. Wenn man die Heilige Schrift genauer liest, merkt man, dass sich dieser tatsächliche Gott geoffenbart hat, indem er in Jesus Christus Mensch wurde. Hier können wir uns auf historische Tatsachen stützen: das Volk Israel und seine Geschichte (ein wirkliches Wunder!); das Leben Jesu, sein Tod und seine Auferstehung; das Leben der ersten Jünger, die Ausbreitung des Christentums; erfüllte Prophezeiungen usw. Die Prüfung dieser Fakten ließ mich zum Schluss kommen, dass Jesus Christus wirklich Gott und Erlöser ist. Dann habe ich mich persönlich ihm anvertraut und infolgedessen Gott erlebt. Meinen Glauben musst du definieren mit „Vertrauen", mit „sichanvertrauen", nicht mit dem Kant´schen „nicht wissen". Ich vertraute mich Gott an, weil ich „wusste"...

Renate: Das klingt sonderbar. Ist es nicht so, dass sich religiöse Menschen gerade dadurch auszeichnen, dass sie einfach glauben – sogar gegen die Vernunft? Gerade objektive Tatsachen sind es doch, die gegen den Glauben sprechen.

Walter: Wenn man allgemein von religiösen Menschen spricht, magst du vielleicht Recht haben, Renate. Doch ein an Jesus Christus gläubiger Mensch zeichnet sich dadurch aus, dass er „weiß, worauf er sein Vertrauen gesetzt hat", so formuliert es auch Paulus in seinem 2. Brief an Timotheus...

Markus: ...nein, aber nein, wichtig ist doch nur, dass man glaubt – egal woran. Ob man nun Buddha anruft oder Jesus Christus oder Gott als „letzte Substanz des Unbewussten" – durch meinen Glauben kann ich jedenfalls Kraft zum Leben empfangen, moralische Grundsätze einhalten und ein effektives soziales Wesen sein. Das ist doch entscheidend.

Renate: Moment mal, Markus. Immer noch von der bloßen Annahme „wenn es Gott gibt" ausgehend, kann man doch nicht sagen: Hauptsache man glaubt an etwas... Wenn ich eine Flasche Gift trinke, dann trinke ich etwas Falsches, auch wenn ich absolut glaube, es sei Hustensaft. Wenn es Gott gibt, dann muss es ihn als souveränes, existierendes Wesen geben. Entweder glaubt man dann an diesen Souveränen oder man glaubt an seine eigenen, selbstfabrizierten Vorstellungen. Im zweiten Fall glaubt man aber etwas Falsches und erliegt einer Illusion.

Walter: Deshalb behauptet Jesus auch von sich, er sei *der* Weg und nicht nur ein Weg, und *die* Wahrheit und nicht nur eine Wahrheit. Nur Jesus ist beispielsweise für meine Schuld gestorben und kann sie mir daher vergeben. Nur Jesus ist auferstanden und lebt und kann daher mit mir Verbindung haben...

Markus: Das mag theoretisch zwar schlüssig sein, aber ist es nicht so, dass wir halt das glauben, was uns als das Beste erscheint – du auch, Walter, nicht wahr?!

Walter: Nein, wenn ich einfach das glauben würde, was mir am Besten erscheint, würde ich vermutlich etwas ganz anderes glauben. Aber ich suchte Wahrheit, suchte Fakten, auf die ich mein Vertrauen, meinen Glauben, setzen konnte, und dies fand ich in der Heiligen Schrift, der Bibel. Und, lieber Markus, die Bibel malt uns den wahren Gott wirklich sehr klar vor Augen. Ich selbst hätte ihn mir nie so vorgestellt...

Renate:...dann bleibt uns nichts anderes übrig, als uns zuerst einmal mit diesen Aussagen der Bibel vertraut zu machen...

Walter: Richtig

Markus: ...und doch würden mich praktische Erfahrungen dieses Glaubens an Jesus Christus interessieren...

Einige persönliche Erfahrungen von „ganz normalen" entschiedenen Christen werden hier vorgestellt. Die interviewten Personen sind moralisch keine „besseren" Menschen als wir alle. Der Unterschied liegt eher darin, dass sie sich bewusst über die Vergebung ihrer Schuld freuen können – in unverdienter, nicht selbst erwirkter Weise. Und dies beeinflusst die Beweggründe eines Lebens kolossal...

Neues Leben statt bloße Religion

 *Martin Caroppo*, *Jahrgang 1969, ist Bankbetriebswirt. Mit seiner Frau Claudia ist er seit 1993 verheiratet. Ihre Kinder heißen Alessia, Marina und David.*

Lieber Martin, auch du hast die Aussage, dass "Gott erfahrbar ist" bestätigt. Warst du denn schon immer ein gläubiger Christ?

Nein, nicht im eigentlichen Sinn, obwohl ich früher sehr religiös war.

Wie meinst du das genau. Kannst du es etwas erläutern?

Es ist so, dass ich schon als kleines Kind beispielsweise gelernt habe, dass man vor dem Mittagessen wie auch vor dem Schlafengehen betet. Ich ging in den Kindergottesdienst, später in den Gottesdienst der Erwachsenen.
Seit meinem 14. Lebensjahr las ich ab und zu in der Bibel. Die Aussagen von Jesus Christus hatten mich interessiert. Ich betete relativ oft zu einem mir damals noch unpersönlichen und unbekannten Gott. Meine Gebete waren zumeist von Wünschen und Bitten erfüllt, die mein persönliches Leben und Wohlergehen betrafen.

Was empfindest du daran als falsch?

Nun, genau genommen behandelte ich Gott oft wie einen guten alten Selbstbedienungsladen. Gott hatte dann zur Stelle zu sein, wenn es in Schule oder Beruf oder sonst wo mal nicht so gut lief, wie ich mir das vorstellte. Aber ich kannte den lebendigen Gott noch nicht wirklich. Meine Gedanken waren oft vom Prinzip eines „Kuhhandels" geprägt, zum Beispiel: „Lieber Gott" oder „Herr Jesus", betete ich, „wenn du dies oder jenes in Erfüllung gehen lässt, dann will ich mich da und dort ändern oder dies oder jenes Gutes tun."

Das verstehe ich darunter, wenn ich sage: mein Leben war sehr religiös. Ich meine so, wie das von vielen Menschen, die zwar an die Existenz Gottes glauben und beten, aber noch keine echte Liebesbeziehung zu ihm gefunden haben.

Gott war einer von vielen wichtigen Punkten in meinem Leben, wie Sport, Hobbys, Beruf, Beziehungen usw.

Ich kann sagen, Gott spielte in meinem Leben keine wirklich wichtige Rolle.

Da könnte man aber doch sagen: immerhin etwas, nicht wahr?! – besser als nichts...

Solches Denken wäre ein Trugschluss. Einen richtigen inneren Frieden hatte ich trotz meines religiösen Lebens nämlich nicht. Ich war noch auf der Suche. Nach was, das wusste ich nicht, wahrscheinlich wusste ich nicht einmal, dass ich etwas suchte.

Wenn dich damals jemand gefragt hat, an was du glaubst, was hast du ihm denn dann geantwortet?

Ich habe ganz klar gesagt: „An Jesus! Ich bin doch ein Christ."

Warst du denn keiner?

Wenn jemand in einem Pferdestall geboren wurde und sogar dort aufwächst ist er noch lange kein Pferd. Auch ich bin nicht deshalb ein Christ, weil ich in einem christlichen Umfeld aufgewachsen bin. Denn trotz religiöser Überzeugung führte ich ein Leben im Spagat. Christlich-religiös einerseits mit dem Wunsch, Gott zu gefallen und in einer Beziehung zu ihm zu leben; andererseits auf der Suche nach persönlichen Zielen und einem erfolgreichen Leben. Während dieser Zeit habe ich selbst erlebt, dass ein halber Christ ein ganzer Unsinn ist. Was mir fehlte, war eine wirkliche Liebesbeziehung zu Jesus Christus.

Heute ist mir klar, dass kein Mensch, auch nicht ich, mit seinem eigenen Leben oder besser gesagt, mit dem was in diesem Leben alles passiert, vor einem heiligen, gerechten Gott bestehen kann.

Wie kam es dann zu deinem inneren Wandel?

Eines Tages fand ich ein kleines, fast unscheinbares Kärtchen in unserem Briefkasten. Ohne jegliche Erklärung standen einige Bibelverse darauf. Eher unbewusst nahm ich das Kärtchen eines Tages mit auf den Dachboden, wo ich hin und wieder etwas Sport betrieb. In den Trainingspausen fiel mir immer wieder dieses Kärtchen in die Hände. Eigentlich war es immer der gleiche Vers, der mich nachdenklich machte und mich ganz persönlich zu meinen schien.

Jesus sagt: „Wenn jemand nicht von neuem geboren wird, kann er das Reich Gottes nicht sehen".

(Johannesevangelium, Kapitel 3,3)

Ich wusste nicht, was gemeint war, aber ich spürte, dass ich diese "neue Geburt" und dieses neue Leben nicht hatte. Mal war ich mehr, mal weniger "christlich".

Das Kärtchen habe ich irgendwann verloren, und den Vers wieder vergessen. In den folgenden Jahren besuchte ich Gottesdienste und ging auch eine Zeit lang in eine christliche Jugendgruppe. Aber es blieb irgendwie alles beim Alten.

Dann eines Tages lernte ich einige junge Männer kennen. Sie waren Mitarbeiter einer kleinen christlichen Gemeinde. Es entstanden echte Freundschaften untereinander. Wir unternahmen vieles gemeinsam: Sport, gegenseitige Einladungen, Gespräche, Ausflüge usw. Natürlich war auch die „Frohe Botschaft" von Jesus Christus ein Thema.

Während dieser Zeit schien der lebendige Gott besonders zu mir zu reden. Ich merkte, dass diese Menschen einen Frieden und eine Gewissheit über ihre Beziehung zu Gott hatten, die mir fehlte.

Was behinderte deine Gemeinschaft mit Gott? Du warst doch religiös, hast gebetet, gingst in den Gottesdienst und hast versucht, ein guter Christ oder einfach nur ein guter Mensch zu sein?

Die Antwort darauf erhielt ich eines Abends. Es geschah in einem Hauskreis, bei dem einige Christen zusammensaßen, um sich über Inhalte der Heiligen Schrift zu unterhalten. Das Thema damals betraf die Kreuzigung Jesu.

Da hing Jesus Christus, der Sohn Gottes, ganz Mensch und ganz Gott, blutend an einem Holzkreuz und schrie: „Mein Gott, mein Gott, warum hast du mich verlassen?" Wie auf einen Schlag wurde mir dabei sonnenklar: Jesus war in diesem Augenblick wirklich mit der Schuld und Sünde der ganzen Menschheit beladen. Er erlebte absolute Gottesferne. Sein Vater konnte keine Gemeinschaft mehr mit seinem Sohn haben. Diese absolute Einheit mit dem Vater war gespalten. Warum? Weil dort, wo nur die kleinste Sünde vorhanden ist, der heilige Gott eben nicht sein kann! Gott ist absolut heilig! Das war es.

Nie zuvor war mir so klar, dass ich all die Jahre zwar immer behauptete, Jesus sei doch auch für meine Verfehlungen und Sünden gestorben. In Wirklichkeit aber vertraute ich auf meine eigenen Bemühungen und auf meine guten religiösen Taten als Mensch, um Gott zu gefallen. Das konnte ja gar nicht funktionieren.

Es war meine Sünde, oder besser gesagt mein unerlöster Zustand als Sünder, der mich von Gott noch trennte, der eine tiefe Liebesbeziehung unmöglich machte.

Was hast du mit dieser Erkenntnis getan?

Die folgenden Tage wurden die wichtigsten in meinem Leben. Ich erkannte, dass ich ohne Jesus Christus, der für meine persönliche Schuld vor Gott gestorben war, verloren bin.

Mir wurde klar, dass es nur um Gnade, also um eine absolut unverdiente Liebe Gottes ging, die es anzunehmen galt – nicht um eigenen Verdienst.

Im Gebet nahm ich Jesus Christus als meinen persönlichen Erlöser an und vertraute mich ihm, dem auferstandenen und lebendigen Gottessohn ganz und gar an. Und da war er wieder, der Bibelvers, der auf dem Kärtchen gestanden hatte: "Wenn jemand nicht von neuem geboren wird, so kann er das Reich Gottes nicht sehen".

Gott hat mir dieses neue Leben, dieses „geistlich von neuem geboren sein" geschenkt, indem Jesus Christus zwar unsichtbar, aber doch real in mein inneres Leben gekommen ist. Seither weiß ich, dass Gott durch Jesus Christus alles dafür getan hat, um mir durch Seine Vergebung – und nicht durch meine religiösen Bemühungen – die ewige Gemeinschaft mit Ihm zu ermöglichen. Es galt nur, dieses unverdiente Geschenk Gottes persönlich und willentlich anzunehmen.

Hatte dieses „Innerlich-neu-geboren-Sein" Folgen für deine religiöse Überzeugung?

Ja klar, zuerst fand ich es einfach toll, dass es meine Schwachheit war, durch die ich Gott finden durfte und nicht eigene Stärke. Mein religiöser Stolz wie auch mein krampfhaftes religiöses Bemühen waren dadurch verschwunden.

Es geht für mich nicht mehr darum, nach einem sinnvollen Leben zu suchen, mich religiös abzumühen oder krampfhaft „christlich" zu leben zu versuchen. Täglich kann ich nun eine Liebes-Beziehung mit Jesus Christus pflegen auf der Basis der Gewissheit einer vollkommenen Erlösung, auf dem Fundament einer völligen Vergebung, mit der Freude, untrennbar und unverlierbar mit Ihm verbunden sein zu dürfen – weil das, was Jesus am Kreuz für mich getan hat, vollends genügt. Das änderte meine Motive zum Christsein: nicht mehr um etwas zu erreichen, sondern aus Dankbarkeit und Freude dafür, was Jesus alles für mich bereits erreicht und vollbracht hat!

Vielen Dank für diese tiefgehenden Denkanstöße.

Eine zweite Lebenschance

Volker Ölschläger, Jahrgang 1972, ist Industriefachwirt. Mit seiner Frau Renate ist er seit 1998 verheiratet. Gemeinsam haben sie zwei Kinder, die Philipp und Silas heißen.

Lieber Volker, bitte erzähl uns doch einmal, wie es zu deiner "zweiten Lebenschance" kam.

Ich bin in einer bürgerlichen Familie aufgewachsen. Schon früh wurde ich ins Vereinsleben des örtlichen Sportvereins eingeführt. Dort fühlte ich mich stets sehr wohl und habe viel gelernt und entdeckt. Doch ich führte ein Leben ohne Gott. Er hatte keinen Platz in meinem Leben, und außerdem fühlte ich mich stark genug, mein Leben selbst in die Hand zu nehmen. Aber dann wurde mein Leben zutiefst erschüttert. Stark alkoholisiert verursachte ich am 12. September 1994 einen Autounfall, bei dem nur ich zu Schaden kam.

Was sahen die Folgen dieses Unfalls aus?

Vierzehn Tage lag ich im Koma und spürte zum ersten Mal in meinem Leben, wie schwach und hilflos ich doch war. Es war ein Kampf um Leben und Tod. Als ich aus dem Koma erwachte, suchte ich die Krankenhaus-Kapelle auf, um Gott für meine zweite Chance zu danken. Nach 6 Wochen Klinikaufenthalt und 6 Wochen Rehabilitations-Kur war ich eigentlich gesundheitlich wieder hergestellt. Nur seelisch brauchte ich lange Zeit, um diesen Unfall zu verarbeiten.
Mein Leben begann zuerst wieder in das alte Fahrwasser zu rutschen.

Ich war immer noch fragend und auf der Suche nach irgend jemandem oder irgend etwas.

Im Juni 1995 wurde ich hier in Birkenfeld auf ein Plakat aufmerksam. Ziellos fuhr ich mit meinem Fahrrad (da ich ja keinen Führerschein mehr besaß) umher. Auf dem Plakat (Zeltevangelisation mit Hans Joachim Schnell) wurde mir Jesus Christus, der lebendige Gott als Retter, Freund und Helfer angeboten. Er sollte es sein, der auf meine ganzen Fragen die Lösung bzw. die Antwort geben konnte. Er sollte es sein, der seine Hände nach mir ausstreckte und mir sagte : „Komm, lass mich dein Leben in die Hand nehmen und führen". Er sollte es sein, dem ich, dankbar für meine zweite Chance, mein Leben geben konnte.

Wie geschah das?

Durch gläubige Bekannte wurden Kontakte geknüpft. In unzähligen Gesprächen mit erfahrenen Christen konnte ich meine vielen Fragen und Unsicherheiten loswerden. Ich kaufte mir am Büchertisch das Buch „Hoffnung für alle"(eine Bibel in der heutigen Umgangssprache). Fragend und anfangs noch von Zweifeln begleitet, begann ich in dieser Bibel zu lesen und zu forschen. Bald erkannte ich und wusste sicher, dass nur Jesus Christus der Retter, Freund und Helfer sein konnte. Und so entschloss ich mich noch auf der Evangelisation, mein Leben an Jesus Christus auszuliefern. Ich bat Ihn, in mein Leben zu kommen und die Führung zu übernehmen.

Danach fühlte ich mich erleichtert, nicht mehr alleine zu sein, sondern einen Wegbegleiter für den Rest meines Lebens zu haben. Meine ganzen Gebete gingen an die richtige Adresse und ich wusste, dass keins davon verloren geht.

Auch wurde ich mit Freude in einen Hauskreis aufgenommen. Später lernte ich meine Frau kennen und bin Gott dankbar, dass auch sie Jesus Christus in ihr Herz aufgenommen hat.

Gemeinsam gehen wir mit unseren Kindern regelmäßig in eine christliche Gemeinde.

Kann man denn nicht auch ohne Gemeinschaft mit anderen Christen glauben?

Das will ich nicht völlig bestreiten. Aus meiner eigenen Erfahrung heraus muss ich aber sagen, dass der Glaube in einer Gemeinschaft lebendiger und kraftvoller, ja auch widerstandsfähiger ist.

Und wie wichtig wurde dir inzwischen die Bibel?

Je mehr ich mich mit diesem Buch beschäftigte, um so mehr erkannte ich seine Aktualität. Wir Christen haben mit der Bibel einen Leitfaden, der alles andere als „weltfremd" ist. Mit der Bibel brauchen sich Christen nicht zu verstecken. Ich bin froh, dass ich dazu stehen kann, zu Jesus zu gehören. Auf meinem Weg zum Glauben konnte ich das nicht immer. Doch ein Vers aus der Apostelgeschichte wurde mir besonders wichtig: „Man soll Gott mehr gehorchen als den Menschen". Ich weiß, dass ich immer noch täglich viele Fehler mache, aber ich habe auch die Gewissheit, dass Jesus Christus für meine Schuld am Kreuz gestorben ist und damit mit seinem Leiden meine Schuld bezahlt hat. Ich habe lange dazu gebraucht, das persönlich in Anspruch zu nehmen. Gott hat geduldig auf mich gewartet.

Vielen Dank für diesen Bericht.

Auch ein "Gott der kleinen Dinge"

Tobias Lindauer, 26 Jahre alt, verheiratet mit Ulrike, arbeitet als Steuerfachgehilfe und wirkt aktiv in einer christlichen Jugendarbeit mit.

Lieber Toby, was meinst du zur Aussage „Gott ist erfahrbar"?

Ich denke, dass Gott sogar erfahrbar sein will. Erfahrungen mit Gott sind nicht einigen wenigen besonderen Persönlichkeiten vorbehalten, sondern Gott will, dass jeder Erfahrungen und Begegnungen mit Ihm macht.
Und so habe ich Ihn auch schon oft erlebt. Meistens in kleinen Dingen, die vielleicht gar nicht so gewaltig aussehen, bei denen man aber genau merkt, „Das war kein Zufall. Das hat Gott so gewollt" oder „Da hat mich Gott jetzt gerade behütet".

Kannst du ein Beispiel nennen?

Ich will erzählen, wie ich Gott nach meinem Schulabschluss erfahren habe. Bei jedem jungen Mann in Deutschland kommt ja nach der Schule die große Frage: Bundeswehr oder Zivildienst? Diese Entscheidung war für mich schon lange vorher klar: "Ich werde auf keinen Fall verweigern. Ich gehe zur Bundeswehr" habe ich immer gesagt. Als kleiner Junge war ich schon fasziniert von allem, was mit Tarnfarben verziert war. Der Tag der offenen Tür in der Kaserne, die Bundeswehrfahrzeuge auf der Autobahn oder die Hubschrauber am Himmel – all das hat mich immer sehr beeindruckt. Und so war auch mein Termin zur Musterung beim Kreiswehrersatzamt für mich kein negativer Augenblick. Ich war sogar etwas aufgeregt, weil das ja mein erster Kontakt mit dem Militär war. Das war wohl alles etwas naiv, und die Realität sieht natürlich ganz anders aus, aber das lässt man sich als Jugendlicher nicht gerne sagen, beziehungsweise will es oft gar nicht hören.

Wie ist deine Musterung ausgefallen?

Bei der Musterung habe ich dann diese ganzen ärztlichen Untersuchungen über mich ergehen lassen, bis mich eine Ärztin fragte, ob ich meinen Brillenausweis dabei hätte, aus dem sie meine Stärke herauslesen könnte. Den hatte ich natürlich nicht dabei. Sie hat dann meine Brille genommen und ausgemessen. Das hat einige Zeit gedauert und als sie zurück kam, sagte sie mir:"Ja, Herr Lindauer, Ihre Brillenstärke liegt ganz knapp über der Toleranz. Ich muss Ihnen mitteilen, daß Sie untauglich sind. Freuen Sie sich?"

Hast du dich gefreut?

So dumm das klingt, aber ich war schon ein bisschen enttäuscht. Und auf dem Heimweg machte sich dann so langsam Zweifel breit. Ich hing nämlich plötzlich ziemlich in der Luft. Und ich habe mich gefragt: Warum will Gott nicht, dass ich zum Militär gehe? Was hat er mit mir vor?
Das Problem war: Ein halbes Jahr später wurde ich mit der Schule fertig und für Bewerbungen war es fast schon zu spät. Außerdem hat mich eine Frage immer noch beschäftigt: Warum „schenkt" mir Gott einfach so ein Jahr? Was hat er mit mir vor?

Wie bist du mit diesen Fragen umgegangen?

In meiner Familie haben wir auch darüber gesprochen, was Gott wohl mit mir vorhat, und so kam eines Tages der Vorschlag von meinem Vater, ich könnte doch einen Missionar, einen guten Bekannten, in Costa Rica besuchen und ihm bei seiner Arbeit helfen. „Zufällig" waren Wolfgang und Zoila (das Missionars-Ehepaar) gerade auf Heimaturlaub und bei Bekannten in unserem Ort zum Abendessen. Kurze Zeit später saß ich mit ihnen am Tisch und sie haben mich herzlich eingeladen, eine Zeit lang in Costa Rica mitzuarbeiten.

Das ging ja ziemlich schnell?

Ja, so habe ich das auch empfunden. Es war mir auch nicht ganz wohl bei dem Gedanken, einige Monate im Dschungel zu verbringen, wo ich doch kein großer Freund von Spinnen und anderen Insekten bin – und die gibt es im Urwald ja bekanntlich in allen Größen und Variationen. Aber nachdem sich zuerst keine andere Tür auftat, wurde ich mir immer klarer, dass das wohl mein Weg ist. Es hat sich dann auch herausgestellt, dass ich in der Stadt wohnen würde und nicht in einer Buschhütte, wie ich mir das so vorgestellt hatte. Doch nach einiger Zeit hat mir Gott gezeigt, dass er noch etwas anderes mit mir vorhat.

Was war das?

Meine Schwester hat mich auf diese Idee gebracht. Sie fragte mich, ob ich mir nicht vorstellen könnte, auf eine Kurzbibelschule zu gehen. Ich habe einige Zeit gebraucht, bis ich mich mit dem Gedanken angefreundet hatte. Aber nach längerem Überlegen habe ich mich dann entschieden, eine Bibelschule der Fackelträger zu besuchen, oben in den Rocky Mountains – in Estes Park, Colorado USA. Und damit ist dann wirklich einer meiner Kindheitsträume in Erfüllung gegangen.

Was war das für eine Schule?

Es ist eine Bibelschule, daß heißt, dass man in den Unterrichtsfächern Bücher und Themen aus der Bibel bespricht. Es waren hauptsächlich Amerikaner und Kanadier auf der Schule. Ich hatte dort wirklich eine tolle und gesegnete Zeit und bin Gott dankbar, dass er mich so und nicht anders geführt hat.

Hört sich an, als wäre alles reibungslos abgelaufen?

Ist es auch größtenteils. Aber es gab auch andere Momente, zum Beispiel hat es gleich damit angefangen, dass ich statt in San José/Costa Rica, in Managua/Nicaragua gelandet bin, ohne dass ich mir das erklären konnte. Zuerst glaubte ich, ich hätte einfach das falsche Flugzeug erwischt, wie man aus Versehen in den falschen Bus einsteigt. Und dann wird es einem doch ein bisschen mulmig zumute: auf der anderen Seite der Welt, schlechtes Spanisch und niemanden, den man anrufen kann und sagen „Hol mich kurz ab!"
Der wirkliche Grund war allerdings, dass ich meinen Walkman auf den Ohren gehabt und die Durchsage verpasst hatte, dass wegen eines Unwetters in Costa Rica der Weiterflug erst am nächsten Morgen möglich sei.

Gab es noch andere Dinge, die dir Schwierigkeiten gemacht haben?

Was mir am meisten Sorgen gemacht hat, war die Geschichte mit dem Visum. Da ich in den USA auf die Schule gehen und auch längere Zeit drüben bleiben wollte, brauchte ich ein Visum. Ich musste also meinen Reisepass an die amerikanische Botschaft schicken. Der Antrag dauerte 6-8 Wochen. Ich habe mir ausgerechnet, dass dies dann gut bis zum Abflug nach Costa Rica reicht. Aber nach einigen Wochen kam der Antrag unbearbeitet zurück mit dem Vermerk, dass nicht genug Geld beigelegt war, um die Gebühr für den Antrag zu bezahlen. Das hat mich echt fertig gemacht. Ich wusste, dass es jetzt ganz eng werden würde. Am Anfang war es natürlich noch leicht, Gott zu vertrauen, aber je näher der Abflugtermin rückte und keine Post von der Botschaft kam, desto mehr Sorgen und Zweifel bekam ich.

Ist das Visum denn rechtzeitig gekommen?

Nein, leider nicht. Und da war guter Rat teuer. Wenige Tage vor dem Abflugtermin ging ich dann aufs Rathaus und habe mir einen vorläufigen Reisepass ausstellen lassen. Mit meinen Eltern vereinbarte ich, dass sie mir den Pass mit dem Visum für Amerika nach Costa Rica nachschicken sollten. Das war zwar eine gute Idee, aber als ich dann am Flugschalter in Frankfurt mit meinem ganzen Gepäck stand, meinte die Dame dort, dass ich mit diesem Pass die Reise nicht antreten dürfe. Ich hätte kein Visum für die USA. Auch meine Erklärung, dass ich im Moment nur nach Costa Rica fliegen und in Miami/Florida lediglich umsteigen wolle, hat nichts gefruchtet. Ich habe gemeint, jetzt ist alles aus. Jetzt muss ich hier bleiben und kann die ganze Reise vergessen. Ich hatte Gott nicht mehr zugetraut, dass er das noch retten kann.

Wie hat er „es denn gerettet"?

Naja, die Schlange der Wartenden hinter mir wurde immer länger, denn die Diskussion hat sich eine ganze Weile hingezogen. Die Schalterdame telefonierte dann einige Zeit mit jemandem und irgendwann haben sie mich doch fliegen lassen. Ich denke, Gott wollte mir mal ein bisschen zeigen, wie wenig ich ihm vertraue, dass er alles im Griff hat und es auch gut mit mir meint.

Kam das Visum dann noch rechtzeitig?

Ja, ich konnte mit meinem Visum nach Amerika einreisen. Nur dem Zollbeamten in Costa Rica musste ich erklären, warum ich zwei Pässe habe und mit dem einen eingereist war aber mit einem anderen ausreisen wollte. Doch auch diese Hürde hat Gott mit mir genommen.

Ich habe auf der ganzen Reise das erlebt, was in Psalm 25 Vers 3 steht: „Alle die auf Gott harren, werden nicht zuschanden!" Gerade in schweren Zeiten war es für mich ein Trost, dass ich im Gebet meine Sorgen und Zweifel zu Jesus bringen konnte. Vor allem, wenn ich an meine damalige Freundin (und jetzige Ehefrau) gedacht habe, die daheim in Deutschland geblieben war. Es hat mich ermutigt, dass ich für sie beten konnte und dass sie auch für mich betete.

Warum denkst du, war das überhaupt dein Weg?

Es war für mich eine ganz wertvolle Zeit. In Costa Rica war es beeindruckend zu sehen, wie Menschen anderer Kulturen mit Gott leben, wie Missionsarbeit vor Ort durchgeführt wird und wie man versucht, den Menschen zu zeigen, dass Gott sie liebt und dass er seinen Sohn für uns gab.

In Amerika auf der Bibelschule habe ich sehr viel aus dem Wort Gottes gelernt und gemerkt, wie praktisch und aktuell die Bibel heute noch ist. Viele der Gedankenanstöße beschäftigen mich heute noch. Auch war es interessant, so viele unterschiedliche Christen kennenzulernen und zu sehen, wie sie ihren Glauben praktisch leben. Es war einfach eine Zeit, die mein Leben verändert hat und von der ich heute noch profitiere.

Wie lange warst du dann eigentlich auf Tour?

Am Ende waren es drei Monate in Costa Rica und 6 Monate in den USA. Ich bin Gott wirklich von Herzen dankbar, dass ich ihn auch auf diese Weise erfahren durfte.

Vielen Dank für deinen interessanten Bericht.

Er ließ mich Zusammehänge erkennen

Nicole van Gent ist gelernte Hotelfachfrau, mit Jan verheiratet und Mutter von drei Kindern.

Liebe Nicole, du hast Jesus nicht nur in deinem persönlichen Leben, sondern auch ganz praktisch in einem beruflich-wirtschaftlichen Zusammenhang erfahren. Wie kam es dazu?

Vor ein paar Jahren kauften wir eine 1-Zimmer-Wohnung, um in einem Steuersparmodell, wie unser Berater sagte, viel Geld zu verdienen. Die Wohnung stellte sich im Nachhinein als völlig überteuert heraus und belastete unseren Haushalt finanziell gesehen sehr.

So beschloss ich, nachdem die zwei größeren Kinder in die Schule und der Kleine in den Kindergarten gekommen waren, eine Halbtagsstelle als Hotelfachfrau zu suchen.

Was sicherlich nicht so einfach war...?

Allerdings. Auf dem Arbeitsamt machte man mir keine großen Hoffnungen, denn in der Zeit zwischen acht und zwölf Uhr braucht man in der Regel keine Halbtagskraft im Hotelgewerbe, eher früh morgens oder abends. Aber Jesus sah, dass ich es ernst meinte und nicht ohne weiteres aufgeben wollte.

Eines Tages hielt ich ein Schwätzchen mit einer Bekannten, die in einem Hotel als Empfangsleiterin arbeitete. Sie bot mir die Stelle in der Buchhaltung an und zwar zu Zeiten, von der eine Mutter und Hausfrau nur träumen kann! Ich konnte meine täglichen vier Stunden arbeiten, wann ich wollte. Bei Krankheit der Kinder, konnte ich auch nachmittags oder abends arbeiten.

Dieser Umstand an sich ist schon ein kleines Wunder!

Ja, doch die Sache hatte einen Haken. Es gab nämlich *ein* großes Problem: Ich hatte überhaupt keine Ahnung von der Buchhaltung. Im Gegenteil: In der Schule waren Buchhaltung und Volkswirtschaft meine schlimmsten Fächer...

Du sagtest trotzdem zu?

Ja, ich betete über dieser Sache, Jesus gab mir Frieden und Zuversicht und die Gewissheit, dass er mir helfen würde.
Die ersten Wochen betete ich intensiver als sonst, und Jesus erhörte meine Gebete!

Wie das?

Er gab mir auffallend viel Auffassungsgabe und Verständnis, Dinge zu begreifen, von denen ich noch nie gehört hatte. Ich betete auch öfters während meiner Arbeitszeit und Gott schenkte mir oft die Lösung von Problemen, indem er mich in erstaunlicher Weise Zusammenhänge erkennen ließ. Ja, er lenkte meine Gedanken so, dass mir vieles einfach und logisch erschien.
Im Gegenzug versuchte ich auch mal Probleme allein zu lösen, ohne seine Hilfe, was allerdings in einem Chaos endete. Nach drei Wochen konnte ich die Buchhaltung allein übernehmen. Und nun werde ich nach meinen Fähigkeiten noch weiter in den Betrieb eingebunden. Jesus sorgt dafür, dass ich sehr viel Freude an meiner Arbeit und auch den Haushalt und die Kinder im Griff habe.

Täglich lobe und danke ich meinem Herrn für seine Zuneigung und Liebe.

Dann habt ihr inzwischen die 1-Zimmer-Wohnung auch verschmerzt?

Nun, auch da ergab sich eine interessante Entwicklung: Nach einem halben Jahr wechselte mein Mann nun seine Arbeitsstelle. Durch die neue große Entfernung wird er in seiner Mittagspause nicht mehr nach Hause kommen können. So muss er die 2-3 Stunden im Geschäft bleiben, was für ihn sehr anstrengend ist, da er sowieso schon einen 12-15 Stunden-Tag hat. Aber da ist die „verwünschte kleine Wohnung aus dem Steuersparmodell" nur ein paar Kilometer entfernt.... So sorgte Gott schon weit im voraus für unsere Zukunft.

Vielen Dank für diesen erstaunlichen Einblick.

Worauf vertrauen?

Vor rund 2000 Jahren schleppte sich ein Mann mühsam einen Hügel hinauf. Die Sonne brannte heiß auf sein blutverschmiertes Haupt. Römische Soldaten stießen ihn unter Schlägen vorwärts. Auf dem Hügel „Golgatha", abseits von Jerusalem, nagelten sie den zerschundenen Körper ans Kreuz. Doch es kamen keine Wutschreie von den Lippen des Gemarterten. „Es ist vollbracht!" stieß er hervor, dann starb er. Am hellen Nachmittag wurde es plötzlich finster, die Erde erbebte. Am Kreuz, auf dem Hügel „Golgatha", hing der Sohn Gottes: Jesus Christus.

Warum musste Jesus diesen Weg gehen?
Weil es keine andere Möglichkeit gab, die Schuld und Sünde der Menschheit zu bereinigen. „Es ist keiner gerecht, auch nicht einer!" (Römerbrief 3,23), so lautet das Urteil Gottes über jeden von uns. Die Schuld eines jeglichen steht wie eine undurchdringliche Mauer zwischen ihm und Gott. Keine noch so religiöse Anstrengung kann dieses Mauerwerk durchdringen. Somit wäre das ewige Getrenntsein von Gott die gerechte Folge der Sündenschuld jedes einzelnen von uns.

Doch da wird Gott selbst Mensch in Jesus Christus.
Auf Golgatha zerbrach Er die Mauer der Sünde, nahm alle Schuld auf sich und erlitt die höllischen Folgen davon („Mein Gott, mein Gott, warum hast du mich verlassen!"). „Er wurde durchbohrt um unserer Übertretung willen, zerschlagen wegen unserer Missetat; die Strafe, uns zum Frieden, lag auf ihm, und durch seine Wunden sind wir geheilt." (Jesaja 53,5)

Da gibt es also jemanden, der alles, was wir in unserem Leben sündigten, bezahlt und gesühnt hat. Und dieser Christus, der nach drei Tagen von Gott auferweckt wurde, der auferstanden ist und lebt, bietet jedem einzelnen an, diese stellvertretende Verurteilung in Anspruch zu nehmen.
Und jeder, der die Schuld seines Lebens auf Christus wirft, kann nun völliger Vergebung gewiss sein.

Der Scheich und die Todesstrafe

Diese Tatsachen lassen sich an einer kleinen Geschichte verdeutlichen: Im Nahen Osten gab es vor vielen Jahren einmal ein Reich, über das ein gutmütiger, gerechter Scheich herrschte, der zugleich auch oberster Richter des Landes war. Er war in ganzer Hingabe um das Wohlergehen seiner Untertanen besorgt und erließ Gesetze, die dem Zusammenleben der Menschen äußerst förderlich waren. Die Araber dieses Reiches waren sehr dankbar für ihren Herrscher. Es gab in diesem Land jedoch ein Problem von besonders zerstörerischer Wirkung: Da waren Männer, die Kamele stahlen; Tiere, die für diese Menschen oft die Lebensgrundlage bedeuteten. So erließ der Scheich eines Tages das harte Gesetz: „Wer Kamele stiehlt, erhält die Bastonade, nämlich 50 Schläge auf die Fußsohlen" (was meist einem Todesurteil gleichkam). Die Diebstähle nahmen rapide ab. Obwohl der Scheich seine Leute liebte (besser gesagt: gerade weil er sie liebte), musste er dieses harte Gesetz erlassen - und zur Anwendung bringen, wenn jemand tatsächlich wieder ein Kamel stahl.
Eines Tages jedoch wurde der Scheich zutiefst erschüttert. Da schleppten nämlich seine Diener einen jungen Mann vor den Richterstuhl, dem man eine Menge Kamel-Diebstähle nachweisen konnte. Und dieser junge Mann war der eigene Sohn des Scheichs! Konnte der Scheich nun als gerechter Richter einfach „ein Auge zudrücken", nur weil er seinen Sohn über alle Maßen liebte?

(So wie es manche von Gott erwarten?) Nein! Er musste aufgrund seiner Gerechtigkeit das Urteil aussprechen. „Bastonade - 50 todbringende Schläge auf die Fußsohlen".

Der verzweifelte Sohn verbrachte eine schlaflose Nacht im Kerker. Um die Mittagszeit sollte das Urteil vollzogen werden. Er wusste, dass sein Vater nicht anders hatte handeln können, da er sich sonst als gerechter Richter völlig disqualifiziert hätte.

Im Morgengrauen jedoch hörte er klatschende Schläge und unterdrückte Schreie in seine Gefängniszelle dringen. Er sprang auf und blickte durch das vergitterte Fenster. Da sah er mitten auf dem Gefängnishof einen Mann im Staub liegen, die Füße hochgebunden, die Bastonade empfangend. Es waren noch nicht sämtliche Schläge verabreicht, da fiel dieser bestrafte, gemarterte Mann zur Seite, und der junge Mann konnte das Gesicht des Hingerichteten erkennen. Es war sein eigener Vater, der Scheich und Richter des Landes ...

Kurz darauf betrat ein Gerichtsdiener die Gefängniszelle und verkündete dem jungen Dieb die frohe Botschaft: «Ihre Strafe wurde von Ihrem eigenen Vater bezahlt. Sie können diese stellvertretende Tat annehmen, und ich kann Sie freilassen. Sie können diese Opfertat auch ablehnen, dann müssen Sie selbst die Strafe auf sich nehmen.» Der junge Mann nahm dankbar an, wurde freigelassen und änderte hinfort grundlegend sein Leben.

Ich bin mir bewusst, dass jeder Vergleich „hinkt"; aber hat Jesus Christus nicht Ähnliches für uns getan wie jener märchenhafte Scheich und Richter?!

„Wir gingen alle in der Irre wie Schafe, ein jeder wandte sich auf seinen Weg; aber der Herr warf unser aller Schuld auf ihn." (Jesaja 53,6)

Wer dieses stellvertretende Opfer Jesu in Anspruch nimmt, wer sich mit dem Gemarterten identisch erklärt, sein Leben Ihm ausliefert, dem wird die Tür des Gefängnisses seiner Sünde geöffnet, und er darf sich echter „Begnadigung" erfreuen. (Begnadigung - voll und ganz - nicht „auf Bewährung"!)

Wie kann ich also vor Gott bestehen? - Durch meine religiösen Taten? Durch meinen guten Willen? Durch Vorsätze? Durch „ordentliches" Leben?- Nein! Mein Vertrauen muss allein auf dem beruhen, was Jesus Christus für mich vollbrachte: die Sühnung meiner gesamten Schuld, sämtlicher Sünden, seien sie vergangen oder künftig.

Das war doch vor 2000 Jahren!?

Vergebung aller meiner Schuld? Wie ist denn das möglich, da Jesus doch vor rund 2000 Jahren gestorben ist - wie kann mir das heute zugute kommen?

Wir wollen die Antwort mit einem Gleichnis verdeutlichen: Vergleichen wir unser Leben mit einem Film. Wenn ein Film durch den Filmapparat läuft, so ist die hintere, untere Spule „Vergangenheit": Die Szenen sind bereits abgelaufen, wir kennen sie. Die vordere, obere Spule ist „Zukunft": Die dortigen Geschehnisse kennen wir noch nicht, wir haben sie noch nicht gesehen, noch nicht erlebt. Die Szenen, die gerade auf die Leinwand projiziert werden, sind für uns „Gegenwart"; also der Übergang von der unbekannten Zukunft in die Vergangenheit, das ist Gegenwart.

Da wir Menschen in der Dimension „Zeit" leben, sind wir gezwungen, in den Kategorien von Zukunft - Gegenwart - Vergangenheit zu denken.
Zeit, die vierte Dimension (neben Länge, Breite und Höhe), gehört zu unserem menschlichen Leben.
Nun zeigt uns aber die Bibel auf, dass Gott nicht an diese Dimensionen gebunden ist, er ist „multidimensional", d.h., dass Er auch der Dimension „Zeit" nicht unterworfen ist. Bei Gott

ist alles wie Gegenwart. Daraus folgt, dass Gott unser ganzes Leben (unseren ganzen Lebensfilm) wie eine aufgewickelte Filmrolle mit einem Blick überschauen kann. Er kennt also auch unsere Zukunft (wobei festzuhalten ist, dass Gottes Kenntnis von unserer Zukunft nicht automatisch einen Einfluss auf die künftigen Geschehnisse bedingt. Obwohl Gott die Zukunft kennt, ist uns diese nicht „vorherbestimmt", nicht prädestiniert).

Als Jesus Christus vor 2000 Jahren die Sünden aller Menschen auf sich nahm, da nahm Er auch die Sünden jener Menschen auf sich, die im „Weltgeschichte-Film" erst in der Zukunft tätig werden würden.

Vor 2000 Jahren konnte Jesus also bereits für mich und für Sie persönlich sterben, weil die ganze Weltgeschichte vor seinen göttlichen Augen lag. Und Jesus starb für Ihre gesamte Schuld, für alle Sünden, die in Ihrem Leben begangen werden.

Er überblickte bereits Ihr und mein ganzes Leben mit allen Sünden - und bezahlte dafür.

Wenn nun ein entschiedener Christ sündigt, darf er wissen, dass Jesus Christus grundsätzlich bereits für diese Sünde gestorben ist. Daher kann der Christ froh dem Worte in 1. Johannes 1,9 Folge leisten:

„Wenn wir aber unsere Sünden bekennen, so ist er treu und gerecht und vergibt sie uns und reinigt uns von aller Ungerechtikeit."

Ich darf also jederzeit Jesus Christus meine Schuld bekennen und Er kann sie vergeben, weil Er ja bereits dafür gestorben ist, weil Er bereits dafür bezahlt hat.

Nur aufgrund dieser Tatsache können wir auch begreifen, warum das Werk Jesu vollkommen ist - für die Dauer unseres ganzen Lebens mit aller Schuld hat Er bezahlt!

„Mit einem einzigen Opfer hat er die, welche geheiligt werden, für immer vollendet", sagt Hebräer 10,14. Daran ist nichts zu rütteln!

Warum soll ich dich in den Himmel lassen?

Um diese Ausführungen noch etwas zu verdeutlichen (und das eigene Denken überprüfen zu können), sei dem Leser eine konstruierte Frage gestellt: Angenommen, Sie hätten einen Autounfall und würden vor Gott stehen, der Sie fragen würde: „Warum soll ich dich in den Himmel lassen?" Was würden Sie antworten?

Ihre Antwort würde wohl dem entsprechen, worauf Sie Ihr heimliches Vertrauen setzen.
Würden Sie sagen: „Weil ich mich bemüht habe, ein guter Christ zu sein ..."?
(Dann würde Ihnen Gott wohl sehr eindrücklich Ihr Versagen vor Augen malen.)
 Oder: „Weil ich an die gutmütige Liebe des himmlischen Vaters glaube"?
 (Dann würde Ihnen Gott seine Gerechtigkeit und Heiligkeit verständlich machen, die sich mit keiner einzigen Sünde verträgt.)

Wie auch immer: Wer begriffen hat, dass er Verlorenheit verdient hätte und allein durch das Werk Jesu begnadigt wurde, der würde antworten:
„Ich habe dir nichts zu bringen, worauf du mich in den Himmel lassen solltest - schau allein das Werk deines Sohnes Jesus Christus an, hinter dem ich mich verberge, auf das ich vertraue - dieses Werk muss genügen, um mir das Himmelstor zu öffnen."

Solch ein Mensch würde also auf nichts anderes mehr vertrauen als auf das, was Jesus Christus für ihn vollbracht hat. Und das ist die eigentliche Grundvoraussetzung dafür, um Gott persönlich erfahren zu können.

Walter Nitsche

Liebe Leser!

... wir möchten Ihnen nicht nur die Glaubenserfahrung anderer Menschen nahe bringen, sondern auch Sie persönlich zu einer lebendigen Beziehung zu Jesus Christus ermutigen.
Wenn Sie sich über Sinn und Ziel Ihres Lebens nicht ganz im Klaren sind oder wenn die gelesenen Berichte in Ihnen die Sehnsucht zu einer tieferen Gottesbeziehung ausgelöst haben, lesen Sie bitte, was die Heilige Schrift, die Bibel darüber sagt:

1. Gott liebt Sie tatsächlich!

Liebe ist nicht in erster Linie ein Gefühl, sondern eine innere Haltung, eine Absicht. Liebe will das Beste für den andern. Und diese Gesinnung nimmt Gott Ihnen persönlich gegenüber ein:

„Der Vater selbst hat Euch lieb!" (Johannes 16,27)
„Gott ist Liebe!" (1. Johannes 4,16)
„Denn Gott hat die Menschen so sehr geliebt, dass er seinen einzigen Sohn für sie hergab. Jeder, der an ihn glaubt, wird nicht verloren gehen, sondern das ewige Leben haben" (Johannes 3,16)

Allerdings steht der Erfahrung dieser Liebe Gottes ein entscheidender Umstand im Weg:

2. Jeder Mensch ist durch Schuld von Gott getrennt!

Gott ist nicht nur Liebe, sondern auch absolut rein und heilig. Er kann von Seinem Wesen her keine Gemeinschaft mit Schmutz, Schuld und Sünde pflegen:

„ Denn es ist kein Mensch auf der Erde so gottesfürchtig, dass er nur Gutes tut und niemals sündigt"
(Prediger 7,20)
„Alle sind Sünder und haben nichts aufzuweisen, was Gott gefallen könnte. "
(Römerbrief 3,23)
„Denn wer das ganze Gesetz hält, aber in einem Gebot fehlt, der ist in allem schuldig geworden" (Jakobusbrief 2,10)

3. Die Antwort Gottes: Jesus Christus

Gott selbst wurde Mensch in Jesus Christus. Freiwillig ging Jesus ans Kreuz, um dort „Gottesferne" zu erleben - für Ihre und unsere Schuld zu bezahlen, zu sühnen. Dadurch ist Vergebung möglich!

„Vergesst nicht, wie viel Christus für eure Sünden erlitten hat! Er, der frei von jeder Schuld war, starb für uns schuldige Menschen, und zwar ein für alle Mal. So hat er uns zu Gott geführt..." (1. Petrusbrief 3,18)
„Nur Jesus kann den Menschen Rettung bringen. Nichts und niemand auf der ganzen Welt rettet sie. "
(Apostelgeschichte 4,12)

4. Nehmen Sie Jesus Christus als Ihren persönlichen Herrn und Erlöser an !

Jeder Liebesbeziehung geht eine bewusste, freiwillige Entscheidung voraus. So auch in Bezug auf Gott. Gott drängt sich nicht in unser Leben, wenn wir das nicht wollen. Deshalb sollten wir eine innere Entscheidung treffen. Jesus nennt dieses Geschehen
„ neu geboren werden „.
Er sagte: „ *Wer nicht neu geboren wird, kann nicht in Gottes Reich kommen*" (*Johannes 3,3b*).
Jeder, der Jesus Christus als seinen persönlichen Erlöser annimmt, bleibt nicht nur Geschöpf Gottes, sondern wird zu einem Kind Gottes: „*Die ihn aber aufnahmen und an sich Ihm anvertrauten, denen gab er das Recht, Kinder Gottes zu sein*" *(Johannes 1,12)*

Viele Menschen, die heute eine persönliche Beziehung zu Gott pflegen, begannen diese mit einem Gebet. - Sinngemäß! (es geht nicht um Formulierungen oder Worte) beteten sie beispielsweise:

„Herr Jesus Christus, ich brauche dich, und ich will mit dir leben. Danke, dass du am Kreuz für meine Sünden gestorben bist und die Strafe dafür bezahlt hast. Ich übergebe Dir hiermit meine ganze Schuld, vertraue dir mein Leben an und nehme deine Vergebung für mich persönlich in Anspruch. Du sollst mein Herr und Erlöser sein. Übernimm die Herrschaft in meinem Leben. Gestalte mich so, wie du mich haben willst. Amen."

Wenn Sie in diesem Sinne aufrichtig gebetet haben, dürfen Sie wissen: Gott hat Ihr Gebet erhört. Sie dürfen sich nun als Kind Gottes auf ein echt sinnerfülltes Leben mit Ihm freuen.
„Wer Jesus hat, hat das Leben, wer Jesus nicht hat, hat das Leben nicht." (1. Johannesbrief 5,12)
Von nun an wird Sie niemand mehr aus der Hand Gottes reißen können:
„Und ich gebe ihnen ewiges Leben, und sie werden in Ewigkeit nicht umkommen, und niemand wird sie aus meiner Hand reißen!" (Johannes 10,28)

Wir freuen uns, wenn Sie uns Ihre Entscheidung für ein Leben mit Jesus Christus mitteilen.

Fragen ? .... Interesse?

Haben Sie weitere Fragen?
Dann versuchen wir gerne, Ihnen weiterzuhelfen. Sie können die einzelnen Interviewpartner über den Verlag anschreiben oder sich auch allgemein und direkt an den Verlag wenden:
edition philemon
Baumgartenstr. 44
75217 Birkenfeld

Oder haben Sie Interesse an Gesprächsrunden über Gott und die Bibel? Dann versuchen wir, Ihnen nach Möglichkeit Informationen über solche Möglichkeiten oder eventuelle Kontaktadressen im hiesigen Raum bekanntzugeben.

Alles ist jedoch völlig unverbindlich für Sie. Sie erhalten von uns auch keine Hausbesuche, Telefonanrufe oder dergleichen. Wir reagieren nur auf Ihre Anfragen.

Der Verlag

Weitere in "edition philemon" erschienene Bücher:

„Tod, wo ist dein Stachel?"- packender und mutmachender Bericht eines an Krebs sterbenden jungen Mannes.
„Lieben will gelernt sein"- Prinzipien und praktische Hilfen, die partnerschaftliche Beziehungen erfolgreich werden lassen.
„Eheleben oder Überleben ?"- auch eine gute Ehe kann noch besser werden... eheberatende Themen.

Weitere Bücher aus dem Verlag
edition φ philemon:

Tod wo ist dein Stachel ?
Norbert u. Gabriele Rösinger
Wie ein Blitz aus heiterem Himmel trifft Norbert die Nachricht: „agressiver Gehirntumor". Lebenserwartung nur noch wenige Wochen. Unterstützt durch seine junge Familie begann Norbert seine Lebensgeschichte niederzuschreiben. Es folgen tiefe, packende Gedanken zu seinem Leben mit dem todbringenden Krebs und schließlich der persönliche Bericht seiner Ehefrau Gabriele. Ein Buch das aufwühlt, ermutigt, tröstet und wertvolle Perspektiven eröffnet.

ISBN 3-935368-31-3

Lieben will gelernt sein
Walter Nitsche
Dieses Buch wendet sich an alleinstehende oder verheiratete Singles sowie an Verheiratete, Verwitwete oder solche, die bereits eine zerbrochene Beziehung hinter sich haben. „Lieben will gelernt sein" deutet nämlich auf ein tiefgehendes Prinzip hin, das sämtliche zwischenmenschlichen Beziehungen unseres Lebens durchzieht.
ISBN 3-935368-01-1

Diese Bücher erhalten Sie in Ihrer Buchhandlung oder direkt beim Verlag.